쾌락 원칙을 넘어서

지그문트 프로이트
Sigmund Freud

애도와 멜랑콜리

쾌락 원칙을 넘어서

자아와 이드

부정

지그문트 프로이트 Sigmund Freud
1856-1939

지그문트 프로이트는 오스트리아 출신의 신경학자이자 정신분석학의 창시자로, 근대 심리학과 정신의학의 지형을 근본적으로 바꾼 인물이다. 그는 1856년 5월 6일, 당시 오스트리아 제국에 속했던 모라비아(오늘날 체코)의 프라이베르크에서 태어났다. 아버지 야코프 프로이트는 양모 무역상이었고, 어머니 아말리아는 그의 세 번째 아내였으며, 지그문트는 두 사람 사이의 장남이었다. 어린 시절부터 총명함을 인정받았던 그는 가족과 함께 빈으로 이주한 뒤, 생애 대부분을 그곳에서 보냈다.

1873년 빈 대학교에 입학한 프로이트는 처음에는 법학을 고려했으나 곧 생리학과 신경과학으로 관심을 돌려, 독일의 저명한 생리학자 에른스트 브뤼케Ernst Brücke의 실험실에서 연구를 시작했다. 이후 1881년 의학 박사 학위를 취득하고 본격적인 임상의 길에 들어섰다. 병리학과 신경질환에 대한 연구를 계속하던 그는 1885년 프랑스 파리로 건너가, 당대 최고의 신경학자 장 마르탱 샤르코Jean-Martin Charcot 밑에서 히스테리와 최면에 대한 강의를 듣게 된다. 이 시기의 경험은 훗날 프로이트 이론의 핵심을 이루는 무의식과 정신적 충동에 대한 통찰로 이어졌다.

1890년대 초, 그는 빈에서 개업의로 일하며 신경증 환자들을 치료했다. 당시 공동연구자였던 요제프 브로이어Josef Breuer와 함께 히스테리 환자들의 사례를 분석하며 새로운 정신 치료법을 모색했다. 이는 기존의 생물학 중심적 의학 패러다임을 넘어, 무의식·억압·꿈 등 심리적 작용을 핵심으로 삼는 전혀 다른 접근 방식이었다. 1895년, 두 사람은 공동 저작 『히스테리 연구』를 발표했고, 이어 1900년에는 프로이트 자신의 대표작이자 정신분석의 전환점이 된 『꿈의 해석』을 출간했다. 이 책은 무의식이라는 개념을 본격화하며, 꿈을 인간 심리의 갈등 구조가 드러나는 통로로 해석하였다.

이후 그의 이론은 무의식, 자아, 초자아, 리비도, 억압, 오이디푸스 콤플렉스 등 독창적인 개념들로 체계화되었으며, 정신분석이라는 하나의 학문적·임상적 영역을 정립하는 데 이르렀다. 1902년부터 빈 대학교에서 교수로 재직하면서 유럽 전역의 심리학자들과 교류하였고, 국제 정신분석 운동의 중심 인물로 자리 잡았다. 칼 융Carl Gustav Jung, 알프레드 아들러Alfred Adler 등 초기 제자들과의 결별은 이론적 갈등을 드러내기도 했지만, 동시에 정신분석학이 단일한 체계를 넘어 다양한 흐름으로 확장되는 계기가 되었다.

프로이트는 일생 동안 왕성한 저술 활동을 이어갔다. 『쾌락 원칙을 넘어서』(1920), 『자아와 이드』(1923), 『문명 속의 불만』(1930) 등 후기 저작에서는 인간 본성과 문명, 종교, 예술, 사회 구조에 이르기까지 정신분석의 적용 범위를 넓혀갔다. 이 과정에서 그는 심리학뿐 아니라 철학, 문학, 예술, 인류학 등 여러 분야에 심대한 영향을 남겼다.

1938년, 오스트리아가 나치 독일에 합병되면서 유대인이었던 그는 가족과 함께 런던으로 망명했다. 당시 그는 이미 구강암으로 투병 중이었으며, 이듬해인 1939년 9월 23일, 런던에서 생을 마감했다. 프로이트는 인간 정신의 어두운 심연을 들여다보려는 시도를 통해, 인간이 자기 자신을 새롭게 이해할 수 있는 통로를 제시했다. 그의 이론은 이후 수많은 비판과 논쟁에도 불구하고, 오늘날까지 현대 인문학과 심리학의 사유에 결정적 영향을 미치고 있다.

✢ 본문에서 저자의 각주는 †로 표시되었다.
✢ 본문에서 (*역주) 안의 내용은 독자의 이해를 돕기 위해 옮긴이가 써넣은 것이다.
✢ 본문에서 내용상 이해에 도움이 될 만한 원어, 원문은 그대로 표기하였다.
✢ 본문의 흐름과 독자의 이해를 돕기 위해, 옮긴이가 '쾌락 원칙을 넘어서'의 소제목을 임의로 추가하였다.

목차

15	**애도와 멜랑콜리** —Trauer und Melancholie (1917)
45	**쾌락 원칙을 넘어서** —Jenseits des Lustprinzips (1921)
47	제1장 쾌락 원칙의 한계
55	제2장 반복 강박의 관찰
67	제3장 무의식적 반복의 의미
77	제4장 생명체의 충동적 보수성
95	제5장 삶의 충동과 죽음의 충동
109	제6장 임상적 적용: 충동 이론의 확장
141	제7장 충동 이론의 발전
147	**자아와 이드** —The Ego and The ID (1923)
151	제1장 의식과 무의식
161	제2장 자아와 이드
177	제3장 자아와 초자아 (자아이상)
197	제4장 두 가지 충동유형
211	제5장 자아의 의존성들
231	**부정** —Die Verneinung (1925)

들어가며

지그문트 프로이트의 정신분석학은 하나의 완성된 체계로 탄생한 것이 아니었다. 그것은 끊임없는 자기 성찰과 이론적 재구성을 통해 진화해왔다. 1917년부터 1925년까지는 프로이트가 자신의 이론 체계를 근본적으로 재편한 시기였다. 이 책에 수록된 네 편의 논문은 바로 그 전환의 핵심을 담고 있다.

「애도와 멜랑콜리」는 1915년에 집필되었으나 1917년에야 『국제정신분석학회지』에 발표되었다. 제1차 세계대전의 참상 속에서 쓰인 이 논문은 사랑하는 대상을 잃은 사람은 왜 애도하는가, 그리고 왜 어떤 사람들은 애도 대신 멜랑콜리에 빠지는가라는 임상적 물음에서 출발한다. 프로이트는 여기서 결정적인 발견을 한다. 멜랑콜리 환자는 잃어버린 대상을 자아 속에 받아들이고, 그 대상을 향한 분노를 자기 자신에게 돌린다. 표면적으로는 임상적 관찰에 관한 글처럼 보이지만, 사실은 프로이트 이론의 중대한 전환점을 예고하고 있었다. 자아가 대상이 될 수 있다는 것, 자아 안에 대상이 자리 잡을 수 있다는 이 통찰은 자아에 대한 새로운 이해를 요구했다. "자아 그 자체가 대상이 될 수 있다"는 이 발견은 훗날 구조 이론의 씨앗이 되었다. 하지만 1917년 프로이트는 아직 이 발견을 설명할 이론적 틀을 갖고 있지 않았다.

1920년, 프로이트는 자신의 이론 체계를 근본부터 흔드는 작업에

착수했다. 「쾌락 원칙을 넘어서」는 그해 여름 집필되어 가을에 출간되었다. 전쟁 신경증 환자들은 밤마다 외상적 경험을 꿈에서 반복했다. 어린아이는 어머니의 부재를 실로 감은 물건을 던지고 당기는 놀이로 되풀이했다. 분석 환자들은 고통스러운 과거를 전이 관계 속에서 재연했다. 이 모든 현상은 쾌락원칙―고통을 피하고 쾌락을 추구한다는 원칙―만으로는 설명될 수 없었다. 프로이트는 쾌락원칙보다 더 근원적인 무언가가 있다고 가정했다. 그것이 반복강박이며, 그 뒤에는 죽음충동이 있다는 것이 그의 결론이었다. 프로이트는 과감하게 죽음충동이라는 개념을 제시했고, 이는 당시 정신분석학계에 큰 논쟁을 불러일으켰다. 일부 제자들은 이를 받아들이기를 거부했고, 프로이트 자신도 이 가설의 사변적 성격을 인정했다. 하지만 에로스와 타나토스, 생명충동과 죽음충동이라는 이원론은 정신분석학에 새로운 층위를 부여했다. 이제 문제는 이 충동들이 정신 내부에서 어떻게 조직되고 작동하는가였다.

「자아와 이드」는 1923년 봄에 집필되어 그해 4월에 출간되었다. 이 책에서 프로이트는 마침내 새로운 정신구조 모델―이드, 자아, 초자아―을 체계적으로 제시했다. 이것은 의식과 무의식이라는 지형학적 모델을 대체하는 구조적 모델이었다. 이드는 충동의 저장고이고, 초자아는 내면화된 부모의 목소리이며, 자아는 그 둘 사이에서 현실과 타협하려는 중재자다. 자아는 이제 세 가지 주인을 섬기는 불안한 중재자로 그려진다: 외부 현실, 이드의 충동들, 그리고 초자아의 도덕적 요구. 중요한 것은 자아 자체의 대부분이 무의식적이라는 점이다. 자아는 의식의 주체로 환원될 수 없으며, 상당 부분 무의식적이고 방어 기제들이 작동하는 구조다. 「애도와 멜랑콜리」에서 발견된 자아의 분열, 자아가 대상이 되는 현상은 이제야 설명 가능해진다. 초자아가 자아를 대상으로 삼아 공격하는 것이다. 또한 「쾌락 원칙을 넘어서」에서 제기된 충동 이론은 이제 구조 속에 위치를 찾는다. 이드 안에서 에로스와 타나토스가 뒤엉켜 있고, 자아는 그것을 관리하려 애쓴다. 이 모델은 오늘날까지도 정신분석학의 기본 골격으로 남아 있다.

하지만 구조 이론만으로는 충분하지 않았다. 이론이 임상으로 돌아와야 했다. 1925년 「부정」은 짧지만 정교한 논문으로, 무의식의 내용이 어떻게 의식에 도달하는지를 다룬다. 분석 장면에서 환자가 "당신은 이 사람이 어머니라고 생각하겠지만, 그것은 어머니가 아닙니다"라고 말할 때, 분석가는 정확히 그것이 어머니임을 안다. 환자의 이러한 부정 속에서 프로이트는 역설적으로 억압된 진실을 읽어낸다. 부정은 억압된 내용이 의식으로 올라오되, 여전히 거부되는 방식이다. 부정이라는 언어적 기제를 통해 자아는 억압을 유지하면서도 무의식의 내용을 인식할 수 있게 된다. 이것은 자아의 판단 기능이 어떻게 작동하는지를 보여준다. 지적 승인은 가능하지만 정서적 수용은 거부되는 것이다. 이 짧은 텍스트는 「자아와 이드」에서 제시된 구조 이론이 실제 임상에서 어떻게 작동하는지, 추상적 구조가 실제 정신 과정에서 어떻게 구현되는지를 명료하게 보여주는 정밀한 사례 연구다.

이 네 편의 논문을 한 권으로 엮은 이유는 명확하다. 이것들은 프로이트 자신이 하나의 문제—자아란 무엇인가—를 추적한 연속된 사유의 기록이기 때문이다. 각 텍스트는 앞선 텍스트가 열어놓은 질문에 답하려 하고, 동시에 새로운 질문을 제기한다. 이 네 편을 순서대로 읽는 것은 프로이트와 함께 생각하는 경험이다. 중간에 해설을 끼워 넣는 대신, 우리는 독자가 프로이트의 사유 과정을 직접 따라가며 각 단계의 논리적 필연성을 스스로 발견하기를 기대한다. 임상적 수수께끼는 원리의 재검토로 이어지고, 구조적 해답에 도달하며, 작동 메커니즘의 확인으로 완결된다. 이것은 정신분석학이 어떻게 임상과 이론 사이를 오가며 정교해지는지를 보여주는 가장 좋은 사례다. 이 책이 프로이트 후기 이론의 핵심을 이해하는 가장 직접적인 통로가 되기를 바란다.

번역팀은 프로이트 원문이 지닌 사유의 깊이와 개념적 정밀함을 한국어로 옮기는 작업에 특별한 주의를 기울였다. 독일어 텍스트가 담고 있는 미묘한 뉘앙스와 논리적 연결고리를 살리면서도, 한국 독자들이 프로이트의 사상을 자연스럽게 이해할 수 있도록 표현의 명료함을 추구했다. 원문의 무게와 의미를 훼손하지 않으면서도, 독자가 이론의 흐름을 따라갈 수 있는 가독성을 확보하는 것—이 두 가지를 함께 담아내려 했다.

애도와 멜랑콜리
— Trauer und Melancholie

애도와 멜랑콜리

꿈이 자기애적 정신 장애의 정상적인 전형으로서 우리에게 도움이 되었듯이, 이제 우울증(멜랑콜리)의 본질을 정상적인 애도의 감정과 비교하여 밝혀보고자 한다. 그러나 이번에는 먼저 고백해야 할 것이 있다. 결과를 과대평가하지 않도록 주의해야 한다는 것이다. 우울증은 기술적(서술적) 정신의학에서도 개념 정의가 불안정하며, 다양한 임상 형태로 나타나는데, 이들을 하나로 통합하는 것이 확실하지 않고, 그 중 일부는 정신적 원인보다는 신체적 질환을 연상시킨다. 모든 관찰자가 이용할 수 있는 인상들을 제외하고, 우리의 자료는 심인성임이 분명한 소수 사례에 국한된다. 그래서 우리는 처음부터 일반적 타당성 주장을 내려놓고, 현재의 연구 방법으로는 전체 질환군에 대해서는 아니더라도 적어도 더 작은 집단에 대해서는 타당성을 가질 것이라는 생각으로 스스로를 위로할 것이다.

우울증과 애도를 함께 다루는 것은 두 상태의 전체적 양상을 통해 정당화된다.† 또한 두 상태를 유발하는 삶의 계기들도 그것이 명확하게 파악되는 경우에는 일치한다. 애도는 일반적으로 사랑하는 사람의 상실이나 그를 대신하는 추상적 대상들, 예를 들어 조국, 자유, 이상 등의 상실에 대한 반응이다. 동일한 영향 하에서 어떤 사람들에게는 애도 대신 우울증이 나타나는데, 우리는 이런 사람들을 병적 소질을 가진 것으로 의심한다. 또한 매우 주목할 만한 점은, 애도가 정상적인 생활 행동으로부터 심각한 일탈을 가져옴에도 불구하고 우리는 애도를 병적 상태로 간주하여 의사의 치료에 맡겨야 한다고 생각하지 않는다는 것이다. 우리는 애도가 일정한 기간 후에 극복될 것이라고 믿으며, 애도 과정을 방해하는 것을 부적절하고 심지어 해로운 것으로 여긴다.

우울증은 깊고 고통스러운 우울 기분, 외부 세계에 대한 관심의 상실, 사랑할 능력의 소실, 모든 활동의 억제, 그리고 자아감의 저하로 특징지어진다. 이는 자기비난과 자기폄하로 드러나며, 때로는 처벌에 대한 망상적 기대에까지 이른다. 이 양

---

† 이 주제에 관한 몇 안 되는 분석적 연구들 중에서 가장 중요한 것을 우리에게 제공한 아브라함*(Karl Abraham, 1877-1925, 독일 정신분석가, 조울증과 우울증 연구의 선구자) 역시 이런 비교에서 출발했다(1912)

상은—단 한 가지를 빼면—애도와 거의 동일하다는 점에서 이해가 쉬워진다. 애도에서는 자아감의 장애가 나타나지 않는다. 그 밖의 요소는 같다. 사랑하는 사람의 상실에 대한 반응으로서의 격렬한 애도는, 같은 고통스러운 기분, (망자를 떠올리게 하지 않는 한에서의) 외부 세계에 대한 관심 상실, 새로운 사랑 대상 선택의 불능(이는 죽은 이를 대체한다는 뜻), 망자의 추억과 무관한 활동의 회피를 포함한다. 이러한 억제와 자아의 축소는 애도에 전적으로 몰두해 다른 목적과 관심을 위한 여지를 남기지 않는다는 표현이며, 우리가 이를 병적이라 보지 않는 이유는 바로 그 과정이 너무도 분명하게 설명되기 때문이다.

우리는 애도의 기분을 "고통스러운" 것이라고 부르는 평가에도 동의할 것이다. 이러한 표현의 정당성은 우리가 그 고통을 경제적으로[1*] 특징지을 수 있을 때 아마도 분명해질 것이다.

그렇다면 애도가 수행하는 작업은 무엇으로 구성되는가? 나는 이것을 다음과 같은 방식으로 제시하는 데 무리가 없다고 생각한다. 현실 검증[2*]은 사랑하는 대상이 더 이상 존재하

1*   정신적 에너지의 분배와 소모 관점에서
2*   현실과 환상을 구분하는 정신적 능력

지 않음을 보여주었고, 이제 이 대상과의 모든 연결로부터 모든 리비도[*]를 철수하라는 요구를 내린다. 이에 대해 이해할 만한 저항이 일어난다―인간은 리비도의 위치를 기꺼이 포기하지 않는 것이 일반적으로 관찰되며, 심지어 이미 대체물이 손짓하고 있을 때조차 그렇다. 이러한 저항은 너무나 강렬해져서 현실로부터 외면하고 환각적 소망 정신병을 통해 대상을 붙잡는 일이 일어날 수 있다. 정상적인 경우는 현실에 대한 존중이 승리를 거두는 것이다. 그러나 그 과제는 즉시 수행될 수 없다. 이제 그것은 시간과 정신적 에너지의 엄청난 소모와 함께 개별적으로 수행되며, 그 동안 잃어버린 대상의 존재가 정신적으로 지속된다. 리비도가 대상에 결합되어 있던 개별적인 기억들과 기대들 각각이 불러일으켜지고, 과도하게 정신적 에너지가 투입되며, 그것에서 리비도의 분리가 수행된다. 현실 명령의 개별적 수행이라는 이러한 타협적 성취가 왜 그토록 극도로 고통스러운지는 경제적 근거로는 쉽게 설명할 수 없다. 이러한 고통스러운 불쾌감이 우리에게는 자명하게 보인다는 것이 이상하다. 그러나 실제로 자아는 애도 작업의 완료 후

---

* 정신적 욕동 에너지로, 자기 자신에게 향하는 '자아 리비도'와 외부 대상에게 향하는 '대상 리비도'로 구분됨. 애도와 우울증은 대상에 투자된 리비도를 철수하여 재배치하는 과정과 관련됨.

에 다시 자유롭고 억제받지 않는 상태가 된다.

　이제 애도에서 알게 된 것을 우울증에 적용해보자. 여러 사례에서 우울증 역시 사랑하는 대상의 상실에 대한 반응일 수 있다는 것이 분명하다. 다른 경우들에서는 그 상실이 더욱 관념적 성격을 갖는다는 것을 알 수 있다. 대상이 실제로 죽은 것은 아니지만 사랑의 대상으로서는 상실되었다(예를 들어 버림받은 신부의 경우). 또 다른 경우들에서는 그러한 상실이 있었다고 가정해야 한다고 생각하지만, 무엇이 상실되었는지 명확하게 인식할 수 없으며, 환자 자신도 무엇을 잃었는지 의식적으로 파악할 수 없다고 더욱 쉽게 추정할 수 있다. 심지어 우울증을 일으킨 상실이 환자에게 알려져 있는 경우에도 이러한 상황이 나타날 수 있다. 즉 환자는 자신이 누구를 잃었는지는 알지만, 그에게서 무엇을 잃었는지는 모르는 것이다. 따라서 우리는 우울증을 어떻게든 의식으로부터 감춰진 대상 상실과 연관시켜야 한다는 제안을 받게 된다. 이는 상실에 대해 무의식적인 것이 전혀 없는 애도와는 구별되는 점이다.

　애도에서 우리는 억제와 무관심이 자아를 흡수하는 애도 작업에 의해 완전히 설명됨을 발견했다. 비슷한 내적 작업이 우울증에서도 알 수 없는 상실로 인해 일어날 것이며, 따라서 우울증의 억제에 책임이 있을 것이다. 다만 우울증적 억제는 우리에게 수수께끼 같은 인상을 주는데, 이는 환자들을 그토록 완전히 흡수하는 것이 무엇인지 우리가 볼 수 없기 때문이다. 우울증 환자는 우리에게 애도에서는 나타나지 않는 또 다른 모습을 보여주는데, 그것은 자아감의 극도한 저하, 거대한 자아의 빈곤화이다. 애도에서는 세상이 빈약하고 공허해졌지만, 우울증에서는 자아 자체가 그러하다. 환자는 자신의 자아를 무가치하고 무능력하며 도덕적으로 비난받을 만한 것으로 묘사하며, 자신을 비난하고 욕하며 배척과 처벌을 기대한다. 그는 다른 모든 사람 앞에서 자신을 비하하고, 자신의 가족들이 이처럼 무가치한 자신과 연결되어 있음을 안타까워한다. 그는 자신에게 일어난 변화에 대한 판단을 내리는 것이 아니라, 자기비판을 과거까지 확장한다. 즉 자신이 결코 더 나은 적이 없었다고 주장한다. 이러한 주로 도덕적인 소인망상*의 모습은 불면증, 음식 거부, 그리고 심리적으로 매우 놀라운 현상인 모든 생명체를 생명에 붙들어 두려는 충동의 극복에 의해 완성된다.

자신의 자아에 대해 이런 고발을 제기하는 환자에게 반박하는 것은 과학적으로나 치료적으로나 똑같이 무익할 것이다. 그는 어느 정도 옳을 것이고 실제로 그에게 나타나는 것과 같

---

* 자신을 실제보다 작고 무가치하게 여기는 망상

은 상황을 묘사하고 있는 것이다. 그의 진술들 중 일부는 우리가 제한 없이 즉시 확인해야 한다. 그는 실제로 그가 말하는 대로 그렇게 무관심하고, 사랑과 성취에 무능력하다. 그러나 우리가 알듯이 이것은 이차적인 것이며, 그의 자아를 소모시키는 내적이고 우리에게 알려지지 않은, 애도에 비견되는 작업의 결과이다. 다른 몇몇 자기고발에서도 그는 우리에게 마찬가지로 옳은 것 같고, 우울증이 아닌 다른 사람들보다 진실을 더 예리하게 파악하는 것 같다. 그가 고조된 자기비판 속에서 자신을 자잘하고, 이기적이고, 부정직하고, 의존적인 인간으로 묘사하면서, 오직 항상 자신의 본성의 약점들을 숨기려고만 애썼다고 할 때, 그는 우리가 아는 바로는 자기인식에 상당히 접근했을 수 있으며, 우리는 단지 왜 이런 진실에 접근하기 위해 먼저 병에 걸려야 하는지만 자문할 뿐이다. 왜냐하면 그런 자기평가를 발견하고 이를 다른 사람들 앞에서 표현하는 사람—햄릿 왕자가 자신과 다른 모든 사람들에 대해 준비해 놓은 것과 같은 평가[†]—은 진실을 말하든 어느 정도 자신을 부당하게 대하든 병든 것이라는 점에는 의심의 여지가 없다. 또한 자기비하의 정도와 우리 판단으로 볼 때 그것의 실제적 정당

[†] "각자의 능력대로 대우한다면, 채찍질을 피할 자가 누가 있겠는가?", 햄릿, 2막, 2장.

성 사이에는 부합하는 것이 없다는 점을 알아차리는 것도 어렵지 않다. 이전에 선량하고 유능하며 의무감 있던 여성은 우울증에서 실제로 무용지물인 사람보다 자신에 대해 더 나쁘게 말하지 않을 것이고, 오히려 전자가 후자보다 우울증에 걸릴 가능성이 더 많을 것인데, 후자에 대해서는 우리 역시 좋은 말을 할 줄 모를 것이다. 마지막으로 우리에게 눈에 띄는 것은 우울증 환자가 평상시 후회와 자기비난으로 괴로워하는 사람과는 전혀 다르게 행동한다는 점이다. 후자 상태를 무엇보다 특징짓는 다른 사람들 앞에서의 수치심이 없거나, 적어도 두드러지게 나타나지 않는다. 우울증 환자에게서는 거의 반대되는 특징인 주제넘은 수다스러움을 강조할 수 있는데, 이는 자신을 노출시키는 것에서 만족을 찾는 것이다.

따라서 우울증 환자가 고통스러운 자기비하에서 옳은지 여부, 즉 이러한 비판이 다른 사람들의 판단과 일치하는지는 본질적인 문제가 아니다. 오히려 중요한 것은 그가 자신의 심리적 상황을 올바르게 묘사하고 있다는 점이다. 그는 자존감을 잃었으며 그럴 만한 충분한 이유가 있을 것이다. 그러나 우리는 하나의 모순에 직면하게 되는데, 이는 우리에게 해결하기 어려운 수수께끼를 제기한다. 애도와의 유추에 따르면 우리는 그가 대상에서 상실을 겪었다고 결론지어야 했다. 그러나 그의 진술들로부터는 그의 자아에서의 상실이 드러난다.

이 모순을 다루기 전에, 우리는 우울증 환자의 감정 상태가 인간 자아의 구성에 대해 우리에게 주는 통찰에 잠시 머물러 보자. 우리는 그에게서 자아의 한 부분이 다른 부분과 대립하여, 그것을 비판적으로 평가하고, 마치 그것을 대상으로 삼는 것을 본다. 여기서 자아로부터 분리된 비판적 기관[1*]이 다른 상황에서도 독립성을 보일 수 있다는 우리의 추측은 모든 추가적인 관찰에 의해 확인될 것이다. 우리는 실제로 이 기관을 나머지 자아로부터 분리할 근거를 찾게 될 것이다. 우리가 여기서 알게 되는 것은 통상 양심이라고 불리는 기관이다. 우리는 이것을 의식의 검열과 현실 검증과 함께 주요한 자아 기관들로 분류할 것이며, 언젠가는 이것이 혼자서도 병에 걸릴 수 있다는 증거들도 찾게 될 것이다. 우울증의 임상상[2*]은 자신의 자아에 대한 도덕적 불만을 다른 불만들보다 두드러지게 나타낸다. 신체적 결함, 추함, 허약함, 사회적 열등감은 자기평가의 대상이 되는 경우가 훨씬 드물다. 오직 가난해짐만이 환자의 두려움이나 주장 중에서 특별한 위치를 차지한다.

  앞서 제기한 모순을 해명하는 데는 그리 어렵지 않은 관찰이 도움이 된다. 우울증 환자의 다양한 자기고발을 참을성 있

1*   자신을 비판하고 판단하는 정신적 기능
2*   질병의 증상들과 경과

게 듣다 보면, 마침내 그중 가장 강한 것들이 종종 환자 자신에게는 거의 맞지 않지만, 사소한 수정을 거치면 환자가 사랑하거나, 사랑했거나, 사랑해야 할 다른 사람에게는 들어맞는다는 인상을 피할 수 없게 된다. 상황을 조사할 때마다 이런 추정이 확인된다. 그래서 자기비난을 사랑 대상에 대한 비난으로 인식하게 되면, 즉 그 비난이 사랑 대상에서 자신의 자아로 옮겨진 것임을 알게 되면 질병의 모습을 이해하는 열쇠를 손에 쥐게 되는 것이다.

 자신의 남편을 소리 내어 안타까워하며, 남편이 이렇게 무능한 여자에게 매여 있다고 말하는 여성은 실제로는 남편의 무능함을 고발하려는 것이며, 이것이 어떤 의미든 상관없이 그렇다는 뜻이다. 뒤바뀐 비난들 사이에 진짜 자기비난 몇 가지가 섞여 있어도 그리 놀랄 필요는 없다. 이런 진짜 자기비난들은 다른 것들을 가리고 실제 상황에 대한 인식을 불가능하게 만드는 데 도움이 되기 때문에 앞으로 나설 수 있는 것이며, 이들 역시 사랑의 상실로 이어진 사랑 다툼의 찬성과 반대 논리에서 나온 것이다. 이제 환자들의 행동도 훨씬 더 이해할 만해진다. 그들의 불평은 고발이며, 이는 이 단어의 옛 의미에 따른 것이다. 그들은 부끄러워하지도 숨지도 않는데, 자신에 대해 말하는 모든 비하적인 것들이 본질적으로는 다른 누군가에 대해 말해지는 것이기 때문이다. 그리고 그들은 그토록 무가치한 사람들에게만 어울릴 겸손함과 복종을 주변 사람들에게 보이는 것과는 거리가 멀며, 오히려 극도로 괴롭히는 태도를 보이고, 항상 상처받은 것처럼, 마치 자신들에게 큰 불의가 행해진 것처럼 행동한다. 이 모든 것이 가능한 이유는 그들의 행동 반응이 여전히 반항의 정신적 상태에서 나오기 때문이며, 이것이 나중에 어떤 과정을 통해 우울증적 참회로 바뀌게 된 것이다.

이제 이 과정을 재구성하는 일은 어렵지 않다. 특정 인물에 대한 대상 선택, 곧 리비도 점유(투자)가 있었다. 그런데 사랑하는 사람에게서 실제의 모욕이나 실망이 가해지자 그 대상 관계가 흔들렸다. 정상적이라면 리비도를 그 대상에서 거두어 새로운 대상으로 옮겼겠지만, 여기서는 달랐다. 대상투자가 취약한 것으로 드러나 해제되었고, 자유로워진 리비도는 다른 대상으로 이동하지 않고 자아로 회수되었다. 그리고 그 리비도는 임의로 쓰이지 않고, 자아와 버려진 대상 사이의 동일시[1*]를 형성하는 데 쓰였다. 이로써 '대상의 그림자'가 자아 위에 드리워졌고, 자아는 이제 비판적 심급[2*]에 의해 하나의 대상—곧 버려진 대상—처럼 판단될 수 있게 되었다. 이렇게 대

1* 타인을 자신과 같다고 여기는 심리적 과정
2* 정신적 기관

상 상실이 자아 상실로 전환되었고, 자아와 사랑하는 사람 사이의 갈등은 자아 비판과 동일시를 매개로 변형된 자아들 사이의 분열로 바뀌었다.

이런 과정의 전제조건과 결과에 대해서는 어느 정도 직접 추측해볼 수 있다. 한편으로는 사랑 대상에 대한 강한 고착[1*]이 존재해야 하고, 다른 한편으로는 이와 모순되게 대상투자의 저항력은 약해야 한다. 이런 모순은 O. 랑크[2*]의 적절한 지적에 따르면, 대상 선택이 자기애적 토대 위에서 이루어졌음을 뜻하는 것으로 보이며, 그래서 대상투자가 어려움에 부딪히면 자기애로 퇴행할 수 있다는 것이다. 대상과의 자기애적 동일시는 그러면 사랑 점유를 대신하게 되며, 이는 사랑하는 사람과의 갈등에도 불구하고 사랑 관계를 포기할 필요가 없다는 결과를 낳는다. 대상 사랑을 동일시로 대체하는 이런 방식은 자기애적 정동 장애[3*]에서 중요한 기제이다. K. 란다우어[4*]는

1* 특정 대상에 심리적으로 매달리는 것
2* 오토 랑크 (Otto Rank, 1884-1939): 오스트리아 정신분석가, 프로이트의 초기 핵심 제자. 『예술가』(Der Künstler, 1907)에서 예술적 창조와 신경증의 관계를 탐구. 이후 『출생 외상』(1924)에서 프로이트와 이론적으로 결별.
3* 감정과 관련된 정신적 질환
4* K. 란다우어 (Karl Landauer, 1887-1945): 독일 정신분석가, 프랑크푸르트 정신분석 연구소 창립자 중 한 명. 정신분열증의 치유 과정에서 자기애적 동일시 메커니즘을 연구. 나치 정권을 피해 네덜란드로 망명했으나 1945년 베르겐-벨젠 강제수용소에서 사망.

최근 정신분열증의 치유 과정에서 이를 밝혀낼 수 있었다1914. 이는 당연히 한 유형의 대상 선택에서 원초적 자기애로의 퇴행에 해당한다. 우리는 다른 곳에서 동일시가 대상 선택의 전 단계이며, 자아가 어떤 대상을 구별하는 첫 번째 방식이자 그 표현에서 양가적인 방식이라고 설명했다. 자아는 이 대상을 자신 안에 받아들이려 하며, 이는 리비도 발달의 구강적 또는 식인적 단계에 상응하여 먹어치우는 방식으로 이루어진다. 아브라함은 이런 연관성을 바탕으로 심각한 우울 상태에서 나타나는 음식 섭취 거부를 올바르게 설명했다.

우울증적 질병이나 그 일부에 대한 소인을 자기애적 유형의 대상 선택이 우세함에서 찾는다는 이론적 결론은 안타깝게도 아직 연구를 통한 확인을 받지 못했다. 나는 이 논문의 서두에서 이 연구가 기반하고 있는 경험적 자료가 우리의 요구에 충분하지 않다고 고백한 바 있다. 관찰이 우리의 추론과 일치한다고 가정할 수 있다면, 우리는 대상투자에서 아직 자기애에 속하는 구강적 리비도 단계로의 퇴행을 우울증의 특징에 포함시키는 데 주저하지 않을 것이다. 대상과의 동일시는 전이 신경증*에서도 결코 드물지 않으며, 특히 히스테리에서 증상 형

---

* 정신분석에서 말하는 신경증의 한 유형

성의 잘 알려진 기제이다. 그러나 자기애적 동일시와 히스테리적 동일시의 차이는 전자에서는 대상투자가 포기되는 반면, 후자에서는 계속 존재하면서 보통 특정한 개별적 행동과 신경 지배*에 국한된 효과를 나타낸다는 점에서 찾을 수 있다. 그렇다 하더라도 전이 신경증에서도 동일시는 사랑을 의미할 수 있는 공통성의 표현이다. 자기애적 동일시는 더 원초적인 것이며, 덜 연구된 히스테리적 동일시를 이해하는 데 접근로를 열어준다.

그러므로 우울증은 그 특성의 일부를 애도에서, 나머지 부분을 자기애적 대상 선택에서 자기애로의 퇴행 과정에서 빌려온다. 우울증은 한편으로는 애도처럼 사랑 대상의 실제 상실에 대한 반응이지만, 다른 한편으로는 정상적인 애도에는 없는 조건을 수반하거나, 이 조건이 더해질 때 애도를 병적인 것으로 바꾸는 조건을 갖고 있다. 사랑 대상의 상실은 사랑 관계의 양가성을 발휘시키고 드러나게 만드는 뛰어난 계기이다. 강박 신경증에 대한 소인이 있는 곳에서는 양가성 갈등이 애도에 병적인 형태를 부여하고, 애도가 자기비난의 형태로, 즉 사랑 대상의 상실을 자신이 야기했다, 즉 원했다고 하는 형태

---

* 신경이 근육을 조절하는 과정

로 표현되도록 강요한다. 사랑하는 사람들의 죽음 이후에 나타나는 이런 강박신경증적 우울에서 우리는 리비도의 퇴행적 회수가 동반되지 않을 때 양가성 갈등 자체가 무엇을 해내는지 보게 된다. 우울증의 계기들은 대부분 죽음을 통한 상실이라는 명확한 경우를 넘어서며, 모욕, 홀대, 실망의 모든 상황들을 포함한다. 이런 상황들을 통해 사랑과 미움의 대립이 관계에 도입되거나 기존의 양가성이 강화될 수 있다. 이런 양가성 갈등은 때로는 더 현실적이고 때로는 더 체질적인 기원을 갖는데, 우울증의 전제조건들 가운데 무시할 수 없는 것이다. 포기될 수 없는 대상에 대한 사랑이 대상 자체는 포기되면서 자기애적 동일시로 피했을 때, 이 대체 대상에서 미움이 작동하여 그것을 욕하고, 굴욕주고, 고통받게 만들며, 이런 고통에서 가학적 만족을 얻는다. 의심할 여지없이 쾌락적인 우울증의 자기고문은 강박신경증의 상응하는 현상과 마찬가지로 어떤 대상에 향한 가학적이고 증오적인 경향들의 만족을 의미하는데 (이들의 구분에 대해서는 『충동과 충동의 운명』 참조), 이것들이 이런 방식으로 자기 자신을 향한 전환을 겪은 것이다. 두 정동 장애에서 환자들은 여전히 자기 처벌을 통한 우회로를 거쳐 원래 대상들에게 복수를 하고, 질병에 빠진 후 질병을 매개로 사랑하는 사람들을 괴롭히는 데 성공하는 것이 보통인데, 이는 그들에게 직접적으로 적대감을 보일 필요가 없기 때문이다. 환자의 정동 장애를 일으킨 사람, 환자의 질병이 지향하는 사람은 보통 환자의 가까운 환경에서 찾을 수 있다. 이렇게 우울증 환자의 사랑 점유는 그 대상에 대해 이중적 운명을 겪었다. 즉 일부는 동일시로 퇴행했지만, 다른 일부는 양가성 갈등의 영향으로 자기애에 더 가까운 가학주의 단계로 되돌아간 것이다.

바로 이 가학주의가 우울증을 그토록 흥미롭고 그토록 위험하게 만드는 자살 경향의 수수께끼를 풀어준다. 우리는 충동 생활이 시작되는 근원 상태로서 자아의 그토록 웅장한 자기사랑을 인식했고, 생명의 위협이 닥칠 때 나타나는 불안에서 그토록 거대한 양의 자기애적 리비도가 해방되는 것을 보았기에, 이 자아가 어떻게 자신의 자기파괴에 동의할 수 있는지 이해할 수 없었다. 물론 우리는 오래전부터 어떤 신경증 환자도 다른 사람들에 대한 살인 충동을 자신에게 되돌리지 않고서는 자살 의도를 느끼지 않는다는 것을 알고 있었지만, 어떤 힘의 작용을 통해 그런 의도가 실제 행동으로 관철될 수 있는지는 이해할 수 없었다. 이제 우울증의 분석이 우리에게 가르쳐 주는 것은, 자아가 대상투자의 회귀를 통해 자신을 하나의 대상처럼 다룰 수 있게 될 때, 즉 어떤 대상에 해당하는 적대감을 자신에게 향하게 할 수 있을 때, 그리고 이것이 외부 세계의 대상들에 대한 자아의 원초적 반응을 나타낼 때만 자아가 자신을 죽일 수 있다는 것이다. (『충동과 충동의 운명』 참조) 이렇게 자기애적 대상 선택에서의 퇴행에서 대상은 분명히 폐기되었지만, 그것은 자아 자체보다 더 강력한 것으로 증명되었다. 극도의 사랑에 빠진 상태와 자살이라는 두 가지 정반대 상황에서 자아는 비록 완전히 다른 방식이지만 대상에 의해 압도당하게 된다.

그렇다면 우울증의 한 가지 눈에 띄는 특성, 즉 궁핍에 대한 불안이 나타나는 것에 대해서도, 이것이 기존 연결에서 떨어져 나와 퇴행적으로 변화된 항문 성욕*에서 유래한다고 보는 것이 자연스럽다.

우울증은 우리에게 다른 질문들도 제기하는데, 그 답은 부분적으로 우리가 찾을 수 없다. 우울증이 일정 시간이 지나면 명백한 거친 변화를 남기지 않고 끝난다는 특성은 애도와 공통된다. 애도에서 우리는 현실 검증이라는 명령을 세부적으로 수행하는 데 시간이 필요하며, 이런 작업을 통해 자아가 잃어버린 대상으로부터 리비도를 해방시킨다는 해답을 찾았다. 우리는 우울증 동안 자아가 유사한 작업에 종사한다고 생각할 수 있다. 그러나 이 과정에 대한 경제적 이해는 여기서도 애도

---

* 정신분석학에서 말하는 초기 성적 발달 단계 중 하나

에서와 마찬가지로 부족하다. 우울증의 불면증은 아마도 상태의 경직성, 즉 수면에 필요한 일반적인 점유 에너지 회수를 수행할 수 없다는 것을 증명할 것이다. 우울증적 복합체는 열린 상처처럼 행동하여 모든 면에서 점유 에너지들을 끌어당기고 (우리가 전이 신경증에서 "대항투자*"라고 부른 것들), 자아를 완전한 고갈 상태까지 비워버린다. 이것은 자아의 수면 욕구에 대해 쉽게 저항적인 것으로 드러날 수 있다. 아마도 신체적이며 심리적으로는 해명할 수 없는 요소가 저녁 시간에 상태가 규칙적으로 완화되는 현상에서 나타난다. 이런 논의들과 연결되어 다음 질문이 제기된다. 대상과 무관한 자아 상실(순전히 자기애적인 자아 손상)만으로도 우울증의 모습을 만들어내기에 충분하지 않은가, 그리고 자아 리비도의 직접적인 독성 고갈이 이 정동 장애의 특정한 형태들을 만들어낼 수 없을까 하는 것이다.

우울증의 가장 기이하고 해명이 필요한 특성은 증상적으로 정반대인 상태인 조증으로 전환하려는 경향에서 나타난다. 모

---

* counter-cathexis, Gegenbesetzung, 억압된 무의식 내용이 의식으로 침투하는 것을 막기 위해 자아가 투입하는 정신 에너지. 억압을 유지하기 위한 방어적 투자로, 대항투자가 약화되면 억압된 내용이 증상이나 꿈으로 회귀할 수 있다. 예를 들어 금지된 욕망을 의식에서 차단하기 위해 지속적으로 정신적 노력을 기울이는 것이 대항투자에 해당한다.

든 우울증이 이런 운명을 겪는 것은 아님이 알려져 있다. 어떤 경우들은 주기적인 재발로 진행되는데, 그 간격에서는 조증의 징후가 전혀 나타나지 않거나 매우 미미한 정도로만 나타난다. 다른 경우들은 우울증 단계와 조증 단계의 규칙적인 교체를 보여주는데, 이것이 순환성 정신병이라는 개념으로 표현되기에 이르렀다. 만약 정신분석적 작업이 바로 이런 질병들 중 몇몇에서 해결과 치료적 영향을 가져오지 못했다면, 이런 경우들을 심인성 관점에서 제외하고 싶은 유혹을 느꼈을 것이다. 따라서 우울증에 대한 분석적 해명을 조증에도 확장하는 것이 허용될 뿐만 아니라 필요하기까지 하다.

이 시도가 완전히 만족스러운 결과를 가져올 것이라고 약속할 수는 없다. 오히려 이것은 최초의 방향 설정 가능성을 크게 넘어서지 못한다. 여기서 우리에게는 두 가지 단서가 주어져 있는데, 첫 번째는 정신분석적 인상이고, 두 번째는 일반적인 경제적 경험이라고 말할 수 있다. 이미 여러 정신분석 연구자들이 표현한 인상은, 조증이 우울증과 다른 내용을 갖지 않으며, 두 정동 장애 모두 동일한 "복합체"와 투쟁하고 있다는 것이다. 자아는 우울증에서는 아마도 이 복합체에 굴복했지만, 조증에서는 이를 극복하거나 제쳐두었을 것이다. 다른 단서는 기쁨, 환호, 승리의 모든 상태들이 조증의 정상적 모델을 보여주며, 동일한 경제적 조건을 인식하게 한다는 경험에서 나온다. 이런 상태들에서는 오랫동안 유지되거나 습관적으로 만들어진 거대한 정신적 지출이 마침내 불필요하게 되는 영향이 작용하여, 그것이 다양한 사용과 발산 가능성을 위해 준비된 상태가 된다. 예를 들어, 가난한 사람이 큰 돈을 얻어서 갑자기 매일의 생계에 대한 만성적 걱정에서 벗어나게 되거나, 길고 힘든 투쟁이 마침내 성공으로 보상받거나, 압박적인 강제나 오랫동안 계속된 위장을 한번에 포기할 수 있는 상황에 처하게 되는 경우 등이다. 이런 모든 상황들은 고양된 기분, 기쁜 감정의 발산 징후들, 그리고 온갖 행동에 대한 증대된 의욕으로 특징지어지는데, 이는 조증과 똑같고 우울증의 침체와 억제와는 완전히 반대된다. 감히 다음과 같이 표현할 수 있다. 조증은 그런 승리 외에 다른 것이 아니지만, 다시금 자아에게는 자신이 무엇을 극복했고 무엇에 대해 승리하고 있는지가 감춰져 있다는 것이다. 같은 계열의 상태에 속하는 알코올 도취는—그것이 즐거운 것인 한—마찬가지로 설명될 수 있을 것이다. 그것은 아마도 독성에 의해 달성된 억압 지출의 해제에 관한 것일 것이다. 일반인의 견해는 그런 조증적 상태에서 그렇게 활동적이고 기업가적이 되는 이유가 그렇게 "기분이 좋기" 때문이라고 기꺼이 가정한다. 이런 잘못된 연결은 당연히 해소되어야 할 것이다. 정신생활에서 앞서 언급된 경제적 조건이 충족되었고, 그래서 한편으로는 그렇게 유쾌한 기분에 있고 다른 한편으로는 행동에서 그렇게 억제되지 않는 것이다.

이 두 가지 단서를 결합하면 다음과 같은 결과가 나온다. 조증에서는 자아가 대상의 상실을(또는 상실에 대한 슬픔을, 아니면 대상 자체를) 극복했을 것이고, 이제 우울증의 고통스러운 고통이 자아로부터 끌어와서 묶어두었던 모든 대항투자 에너지가 사용 가능한 상태가 되었다. 조증 환자는 또한 자신이 고통받았던 대상으로부터의 해방을 명백하게 보여주는데, 굶주린 사람처럼 새로운 대상투자들을 향해 나아가는 것이다.

이 해명은 그럴듯하게 들리지만, 첫째로는 아직 충분히 확정적이지 못하고 둘째로는 우리가 답할 수 있는 것보다 더 많은 새로운 질문과 의문을 불러일으킨다. 우리는 이런 논의를 피하지 않으려고 하지만, 이를 통해 명확성에 이르는 길을 찾을 수 있으리라고 기대할 수는 없다.

우선, 정상적인 애도도 대상의 상실을 극복하고 지속되는 동안 자아의 모든 에너지를 똑같이 흡수한다. 그런데 애도가 끝난 후에 승리의 단계를 위한 경제적 조건이 왜 전혀 암시조차 나타나지 않는가? 나는 이 반박에 대해 간단히 답하는 것이 불가능하다고 생각한다. 이 반박은 또한 우리가 애도가 어떤 경제적 수단을 통해 자신의 과업을 해결하는지조차 말할 수 없다는 사실에 주의를 환기시킨다. 그러나 여기서는 하나의 추측이 도움이 될 수 있을 것이다. 리비도가 잃어버린 대상에 연결된 것을 보여주는 개별 기억과 기대 상황들 각각에 대해, 현실은 그 대상이 더 이상 존재하지 않는다는 판결을 내린다. 그리고 자아는 마치 이런 운명을 함께할 것인가라는 질문에 직면한 것처럼, 살아있다는 것의 자기애적 만족의 총합에 의해 파괴된 대상과의 결속을 해제하도록 유도된다. 이런 해제가 매우 천천히 그리고 단계적으로 진행되어서, 작업이 끝나면 그에 투입된 점유 에너지도 흩어진다.[†]

애도의 작업에 대한 추측에서 멜랑콜리의 작업의 서술로 가는 길을 찾는 것은 매력적이다. 그런데 여기서 먼저 하나의 불확실성이 우리의 길을 가로막는다. 우리는 지금까지 우울증에서 위상적[*] 관점을 거의 고려하지 않았고, 우울증의 작업이 어떤 정신 체계들 안에서 그리고 그것들 사이에서 진행되는가라는 질문을 제기하지 않았다. 이 정동의 정신적 과정들 중에서 무엇이 포기된 무의식적 대상투자들에서 일어나고, 무엇이 자아 안에서 그것들을 대신하는 동일시에서 일어나는가?

이제 "무의식적 (사물) 표상이 리비도에 의해 버려진다"고 빠르게 표현하고 쉽게 기록할 수 있다. 그러나 실제로 이 표상

[†] 경제적 관점은 지금까지 정신분석학적 연구들에서 거의 고려되지 않았다. 예외로는 V. 타우스크[*](Victor Tausk, 1879-1919, 오스트리아 정신분석가, 정신분열증 연구의 선구자)의 논문 『보상을 통한 억압 동기의 평가절하』(1913)를 들 수 있다.

[*] 정신분석학에서 의식, 무의식 등 정신 구조의 위치와 관련된

은 수많은 개별 인상들(그것들의 무의식적 흔적들)에 의해 대표되며, 이런 리비도 철회의 수행은 순간적인 과정일 수 없고 애도에서처럼 분명히 오랫동안 지속되며 점진적으로 진행되는 과정이다. 그것이 여러 곳에서 동시에 시작되는지 아니면 어떤 특정한 순서를 포함하는지는 쉽게 구별할 수 없다. 분석에서 때로는 이 기억이, 때로는 저 기억이 활성화되는 것을 종종 확인할 수 있고, 단조로움으로 지치게 만드는 똑같은 소리의 불평들도 사실은 매번 서로 다른 무의식적 근거에서 나온다는 것을 알 수 있다. 대상이 자아에게 수천 겹의 연결을 통해 강화된 그렇게 큰 의미를 갖지 않는다면, 그 상실 역시 애도나 우울증을 일으킬 만하지 않다. 리비도 분리의 개별적 수행이라는 특성은 따라서 우울증과 애도에 똑같이 귀속될 수 있으며, 아마도 동일한 경제적 관계들에 기초하고 동일한 경향들에 봉사한다.

그러나 우울증은 우리가 들어본 바와 같이 정상적인 슬픔보다 더 많은 내용을 포함한다. 우울증에서 대상과의 관계는 단순하지 않고, 양가감정 갈등에 의해 복잡해진다. 양가감정은 체질적인 것이어서 이 자아의 모든 사랑 관계에 따라붙거나, 아니면 대상 상실의 위협을 가져오는 바로 그런 경험들로부터 나온다. 따라서 우울증은 그 원인에서 보통 현실적 상실, 즉 대상의 죽음에 의해서만 유발되는 애도를 훨씬 넘어설 수 있다.

그래서 우울증에서는 대상을 둘러싸고 수많은 개별적 투쟁들이 벌어지는데, 여기서 증오와 사랑이 서로 격투한다. 하나는 대상으로부터 리비도를 떼어내려 하고, 다른 하나는 이런 공격에 맞서 이 리비도 위치를 주장하려 한다. 이런 개별적 투쟁들은 무의식, 즉 사물적 기억 흔적들의 영역(언어 표상들과 대조되는) 이외의 다른 체계에 놓을 수 없다. 애도에서도 해결 시도들이 바로 그곳에서 일어나지만, 애도에서는 이런 과정들이 전의식을 통해 의식으로 정상적인 길로 계속 진행되는 데 아무 장애가 없다. 멜랑콜리의 작업에서는 이 길이 막혀 있는데, 아마도 여러 원인들 때문이거나 그것들의 상호작용 때문일 것이다. 체질적 양가감정은 그 자체로 억압된 것에 속하고, 대상과의 외상적 경험들은 다른 억압된 것들을 활성화시켰을 수 있다. 그래서 이 모든 양가감정 투쟁들은 우울증에 특징적인 결말이 일어날 때까지 의식으로부터 감춰진 채로 남아 있다. 우리가 알고 있듯이, 이 결말은 위협받은 리비도 점유가 마침내 대상을 떠나지만, 단지 그것이 출발했던 자아의 자리로 물러나기 위해서라는 것이다. 사랑은 이렇게 자아 속으로의 도피를 통해 제거를 피했다. 리비도의 이런 퇴행 후에 과정은 의식적이 될 수 있고, 자아의 한 부분과 비판적 심급 사이의 갈등으로 의식에 나타난다.

  의식이 멜랑콜리의 작업에 대해 경험하는 것은 그 작업의 본질적 부분이 아니며, 고통의 해결에 영향을 줄 수 있다고 우리가 믿을 수 있는 그런 부분도 아니다. 우리는 자아가 자기 자신을 비하하고 자신에게 분노하는 것을 보지만, 환자와 마찬가지로 이것이 무엇으로 이어지며 어떻게 변할 수 있는지를 거의 이해하지 못한다. 우리는 무의식적 작업 부분에 그런 성과를 더 쉽게 귀속시킬 수 있는데, 우울증의 작업과 애도의 작업 사이의 본질적인 유사성을 찾는 것이 어렵지 않기 때문이다. 애도가 대상을 죽었다고 선언하고 자아에게 살아있다는 것의 보상을 제공함으로써 자아로 하여금 대상을 포기하게 만드는 것처럼, 개별적인 양가감정 투쟁들 각각도 대상을 평가절하하고, 비하시키고, 말하자면 죽이기도 함으로써 대상에 대한 리비도의 고착을 완화시킨다. 분노가 모두 발산된 후든, 대상이 무가치한 것으로 포기된 후든, 무의식에서 이 과정이 끝날 가능성이 주어져 있다. 이 두 가지 가능성 중 어느 것이 규칙적으로 또는 주로 빈번하게 우울증을 끝내는지, 그리고 이런 끝맺음이 사례의 추후 경과에 어떻게 영향을 주는지에 대한 통찰이 우리에게는 부족하다. 자아는 이 과정에서 자신이 더 나은 존재, 대상보다 우월한 존재로 인정받을 수 있다는 만족을 누릴 수 있다.

우리가 멜랑콜리의 작업에 대한 이런 견해를 받아들인다 해도, 그것은 우리가 설명하려고 했던 한 가지는 해결해 주지 못한다. 우울증이 끝난 후에 조증이 나타나는 경제적 조건을 이 정동을 지배하는 양가감정으로부터 도출하려는 우리의 기대는 다른 여러 영역들로부터의 유추에 기초할 수 있었을 것이다. 그러나 이 기대가 굴복해야 하는 하나의 사실이 있다. 우울증의 세 가지 전제조건, 즉 대상의 상실, 양가감정, 리비도의 자아로의 퇴행 중에서, 처음 두 개는 죽음 후에 나타나는 강박적 자책에서도 다시 발견된다. 거기서는 양가감정이 의심할 여지없이 갈등의 추진력을 나타내고, 관찰은 그것이 끝난 후에도 조증적 상태의 승리 같은 것은 아무것도 남지 않는다는 것을 보여준다. 그래서 우리는 세 번째 요소가 유일하게 효과적인 것이라는 점으로 주의를 돌리게 된다. 멜랑콜리의 작업이 끝난 후에 자유로워지고 조증을 가능하게 하는, 처음에는 결속되어 있던 그 점유의 축적은 리비도가 자기애[1*]로 퇴행하는 것과 관련이 있어야 한다. 우울증이 대상을 둘러싼 투쟁 대신에 자아 안에서 벌이는 갈등은 고통스러운 상처와 같이 작용해야 하는데, 이는 극도로 높은 역점유[2*]를 요구한다. 그러나 여기서 다시 멈춰 서서 조증에 대한 추가적 해명을 미루는 것이 적절할 것이다. 우리가 먼저 신체적 고통의 경제적 본질

1*   나르시시즘, 자기 자신을 사랑하는 것
2*   정신 에너지가 특정 부위에 집중되는 것

을, 그리고 나서 그것과 유사한 정신적 고통의 경제적 본질을 통찰하기까지는 말이다. 우리도 이미 알고 있듯이, 복잡한 정신적 문제들의 연관성은 우리로 하여금 모든 연구를 미완성인 채로 중단하지 않을 수 없게 만든다. 다른 연구의 결과가 도움이 될 때까지는 말이다.†

1915년 2월부터 5월까지 집필.
— 첫 출간: 의학 정신분석 국제 잡지, 제4권 (6), 1917, 288-301쪽.
— 전집, 제10권, 428-46쪽.

---

† 조증 문제의 추가적인 전개에 대해서는 『집단심리학과 자아분석』을 보라. [전집, 제13권]

쾌락 원칙을 넘어서
— Jenseits des Lustprinzips

제1장 쾌락 원칙의 한계

정신분석학 이론에서 우리는 주저 없이 정신적 과정의 흐름이 쾌락 원칙에 의해 자동적으로 조절된다고 가정한다. 즉, 우리는 이 과정이 매번 불쾌한 긴장에 의해 자극을 받고, 그 결과가 이러한 긴장의 감소, 다시 말해 불쾌함의 회피나 쾌락의 생성으로 이어지는 방향으로 진행된다고 믿는다. 우리가 연구하는 정신적 과정들을 이러한 흐름의 관점에서 고려할 때, 우리는 경제적 관점을 우리의 작업에 도입하는 것이다. 우리는 위상적 요소와 역동적 요소 외에도 이러한 경제적 측면을 고려하려는 설명이 현재 우리가 상상할 수 있는 가장 완전한 것이며, 메타심리학*이라는 이름으로 강조될 가치가 있다고 생각

---

* 프로이트가 창안한 정신분석의 상위 이론적 틀. 정신 현상을 ①역동적(정신 내 힘들의 갈등), ②경제적(정신 에너지 분배), ③지형학적(의식-전의식-무의식 체계) 관점에서 과학적으로 분석하려는 프로이트의 '과학적 심리학' 구축 시도

한다.

 우리가 쾌락 원칙을 설정함으로써 전통적인 철학 체계와 얼마나 가까워지거나 일치하는지 따지는 일에는 관심이 없다. 우리는 우리 분야에서 일상적 관찰의 사실들을 기술하고 설명하려는 노력 속에서 이러한 사변적 가정에 도달하게 된다. 우선권과 독창성은 정신분석 작업에 설정된 목표에 속하지 않으며, 이 원칙의 확립 근거가 되는 인상들은 너무나 명백해서 이를 간과하기가 거의 불가능하다. 반면, 우리에게 너무나 명령적인 쾌감과 불쾌감의 의미가 무엇인지 알려줄 수 있는 철학적 또는 심리학적 이론에 대해서는 기꺼이 감사를 표명할 것이다. 불행히도 여기서는 유용한 것이 제공되지 않는다. 이것은 정신 생활의 가장 어둡고 접근하기 어려운 영역이며, 우리가 이를 다루는 것을 도저히 피할 수 없다면, 내 생각에는 이에 대한 가장 느슨한 가정이 최선일 것이다. 우리는 쾌감과 불쾌감을 정신 생활에 존재하는—어떤 식으로든 결합되지 않은—흥분의 양과 연관시키기로 결정했다. 이러한 방식으로 불쾌감은 이 양의 증가에, 쾌감은 감소에 해당한다. 우리는 여기서 감각의 강도와 그것이 관련된 변화 사이의 단순한 관계를 생각하지 않는다. 정신물리학의 모든 경험에 따르면 직접적인 비례 관계는 전혀 존재하지 않는다. 아마도 시간 내에 감소하거나 증가하는 정도가 감각에 결정적인 요소일 것이다. 실험이 여기서 접근 가능할 수도 있지만, 우리 분석가들에게는 매우 특정한 관찰이 우리를 이끌 수 있을 때까지 이러한 문제들에 더 깊이 들어가는 것은 권장되지 않는다.

그러나 우리는 G. Th. 페히너*와 같이 통찰력이 깊은 연구자가 정신분석적 작업에서 우리에게 강요된 것과 본질적으로 일치하는 쾌감과 불쾌감에 대한 견해를 지지했다는 사실에 무관심할 수 없다. 페히너의 발언은 그의 소책자 "유기체의 창조와 발전 역사에 관한 몇 가지 아이디어"(1873, 11장, 부록, 94쪽)에 포함되어 있으며 다음과 같다: "의식적 충동이 항상 쾌감이나 불쾌감과 관련되어 있는 한, 쾌감이나 불쾌감은 정신물리학적 관계에서 안정성과 불안정성의 관계로 생각될 수 있다. 이에 근거하여 내가 다른 곳에서 더 자세히 발전시키고자 하는 가설을 세울 수 있는데, 의식의 문턱을 넘어서는 모든 정신물리학적 운동은 그것이 어떤 특정 한계를 넘어 완전한 안정성에 가까워질수록 쾌감을 동반하고, 그것이 어떤 특정 한계에서 벗어날수록 불쾌감을 동반하게 된다. 한편, 이 두 경계 사이에는 쾌감과 불쾌감의 질적 문턱으로 지칭될 수 있는 일정한 폭의 미적 무관심 상태가 존재한다...."

---

* Gustav Theodor Fechner, 1801-1887, 독일의 실험심리학자, 정신물리학의 창시자

쾌락 원칙이 정신 생활을 지배한다고 믿게 된 사실들은 또한 정신적 장치가 그 안에 존재하는 흥분의 양을 가능한 한 낮게 유지하거나 적어도 일정하게 유지하려는 경향이 있다는 가정에서도 표현된다. 이는 본질적으로 같은 의미를 다르게 표현한 것이다. 왜냐하면 정신적 장치의 작업이 흥분의 양을 낮게 유지하는 방향으로 진행된다면, 이를 증가시키는 모든 것은 기능에 반하는 것, 즉 불쾌한 것으로 느껴질 수밖에 없기 때문이다. 쾌락 원칙은 항상성 원칙으로부터 파생된다. 사실, 항상성 원칙은 우리로 하여금 쾌락 원칙을 가정하도록 만든 사실들로부터 추론된 것이다. 더 자세히 논의해보면, 우리가 가정한 정신적 장치의 이러한 경향은 페히너가 쾌감과 불쾌감의 감각을 연관시켰던 안정성 경향 원칙의 특수한 경우로 볼 수 있다는 것을 알게 될 것이다.

그러나 우리는 정신적 과정의 흐름이 쾌락 원칙의 지배를 받는다고 단언하는 것은 옳지 않다. 만약 그러한 지배가 존재한다면, 우리의 정신적 과정의 압도적 다수가 쾌락을 동반하거나 쾌락으로 이어져야 할 것이다. 그러나 가장 일반적인 경험은 이러한 결론에 강력하게 반대한다. 따라서 정신 속에는 쾌락 원칙을 향한 강한 경향이 존재하지만, 그에 대항하는 다른 힘이나 조건들이 있어서 최종 결과가 항상 쾌락 경향에 부합하지는 않는다고 볼 수밖에 없다. 비슷한 맥락에서 페히너의 발언을 참고해보자(같은 책, 90쪽): "그러나 목표를 향한 경향이 반드시 목표 달성을 의미하는 것은 아니며, 목표 자체가 근사치로만 도달 가능하다는 점을..." 이제 우리가 쾌락 원칙의 실현을 좌절시킬 수 있는 상황이 무엇인지라는 질문으로 넘어가면, 우리는 다시 확실하고 익숙한 영역에 들어서게 되며, 이 질문에 답하기 위해 우리의 분석적 경험을 풍부하게 활용할 수 있게 된다.

쾌락 원칙의 이러한 억제가 나타나는 첫 번째 사례는 우리에게 법칙적인 현상으로 잘 알려져 있다. 우리는 쾌락 원칙이 정신적 장치의 원초적 작업방식임을 알고 있으며, 외부 세계의 어려움 속에서 유기체의 자기보존을 위해서는 처음부터 쓸모없을 뿐만 아니라 매우 위험하다는 것도 알고 있다. 자아의 자기보존 충동의 영향 아래에서 쾌락 원칙은 현실원칙으로 대체된다. 현실원칙은 궁극적인 쾌락 획득이라는 목표를 포기하지는 않지만, 만족의 지연, 여러 가능한 쾌락의 포기, 그리고 쾌락에 이르는 우회로에서 일시적으로 불쾌함을 감내할 것을 요구하고 관철시킨다. 쾌락 원칙은 그 후에도 오랫동안 '교육하기 어려운' 성적 충동의 작업방식으로 남아있으며, 이러한 성적 충동을 통해서든 자아 자체 내에서든 쾌락 원칙이 현실원칙을 압도하여 전체 유기체에 해를 끼치는 경우가 계속해서 발생한다.

쾌락 원칙이 현실원칙으로 대체되는 것이 불쾌 경험의 극히 일부분, 그것도 가장 강렬한 부분이 아닌 일부분에만 책임이 있다는 점은 의심의 여지가 없다. 불쾌 감정을 야기하는 또 다른, 마찬가지로 법칙적인 원천은 정신적 장치 내의 갈등과 분열에서 비롯되는데, 이는 자아가 더 높은 수준의 복합적 조직으로 발전해가는 과정에서 일어난다. 정신적 장치를 채우는 에너지의 거의 대부분은 타고난 본능적 충동*에서 비롯되지만, 이 모든 충동이 동일한 발달 단계에 도달하는 것은 아니다. 발달 과정에서 개별 충동이나 충동의 일부분이 그 목표나 요구 면에서 자아라는 포괄적 통일체를 이룰 수 있는 다른 충동들과 양립할 수 없다는 것이 반복적으로 드러난다. 그러면 이러한 충동들은 억압 과정을 통해 자아의 통일체에서 분리되어 정신 발달의 낮은 단계에 머물게 되고, 일단 만족의 가능성으로부터 차단된다. 만약 억압된 성적 충동들에서 흔히 볼 수 있듯이, 이들이 우회로를 통해 직접적인 만족이나 대리 만족을 얻는 데 성공한다면, 이러한 성공은 원래라면 쾌락의 가능성이었을 것인데 자아에게는 불쾌로 느껴진다. 억압으로 이어진

---

* 본서에서 사용된 '본능', '욕동', '충동'은 모두 프로이트의 독일어 Trieb를 번역한 것으로, 동일한 개념을 가리킨다. 이는 인간 정신의 근본적 동력으로서, 생물학적 욕구와 심리적 욕망이 결합된 복합적 개념이다.

오래된 갈등의 결과로, 쾌락 원칙은 다시 한번 작동하지 못하게 되는데, 이는 특정 충동들이 원칙에 따라 새로운 쾌락을 얻기 위해 활동하고 있는 바로 그 순간에 일어난다. 억압이 쾌락의 가능성을 불쾌의 원천으로 변환시키는 과정의 세부 사항은 아직 제대로 이해되지 않았거나 명확하게 설명할 수 없지만, 모든 신경증적 불쾌감은 이러한 종류의 것, 즉 쾌락으로 느껴질 수 없는 쾌락인 것은 확실하다.

  여기서 제시된 불쾌감의 두 가지 원천은 우리가 경험하는 불쾌 중 대다수를 포괄하지는 못한다. 그러나 나머지 불쾌 경험들에 대해서는 그것이 쾌락 원칙의 지배에 모순되지 않는다고 어느 정도 타당하게 주장할 수 있다. 우리가 느끼는 대부분의 불쾌감은 지각적 불쾌감으로, 충족되지 않은 본능적 충동의 압박에 대한 지각이거나 외부적 지각이다. 이러한 외부적 지각은 그 자체로 고통스럽거나, 정신적 장치 내에 불쾌한 기대를 일으키고 '위험'으로 인식된다. 이러한 본능적 요구와 위험 위협에 대한 반응은 정신적 장치의 고유한 활동이 표현되는 방식인데, 이는 쾌락 원칙이나 이를 수정한 현실 원칙에 의해 올바르게 이끌어질 수 있다. 따라서 쾌락 원칙에 대한 더 광범위한 제한을 인정할 필요는 없어 보인다. 그러나 외부 위험에 대한 정신적 반응을 조사하는 것이 바로 우리가 다루고 있는 문제에 대한 새로운 자료와 새로운 문제 제기를 제공할 수 있다.

제2장 반복 강박의 관찰

 심각한 기계적 충격이나 기차 충돌, 그리고 생명을 위협하는 다른 사고들 후에 나타나는 상태가 오래전부터 기술되어 왔는데, 이는 '외상성 신경증*'이라는 이름으로 불리게 되었다. 방금 끝난 끔찍한 전쟁은 이러한 질병을 대량으로 발생시켰고, 적어도 이를 기계적 힘에 의한 신경계의 유기적 손상으로만 환원하려는 유혹은 사라지게 했다.† 외상성 신경증의 임상 양상은 유사한 운동 증상이 풍부하다는 점에서 히스테리에 가깝지만, 일반적으로 주관적 고통의 강한 징후(마치 건강염려증이나 우울증처럼)와 정신적 기능의 광범위한 전반적 쇠약 및 혼란의 증거들이 더 명백하다는 점에서 히스테리를 능

---
* 현재의 외상후 스트레스 장애(PTSD)의 전신 개념
† 『전쟁 신경증의 정신분석에 관하여』, 페렌치, 아브라함, 짐멜, E. 존스의 기고가 포함됨. 국제 정신분석 도서관 제1권, 1919.

가한다. 전쟁 신경증이든 평화 시기의 외상성 신경증이든, 아직 완전한 이해에 도달하지는 못했다. 전쟁 신경증의 경우, 같은 질병 양상이 때때로 심각한 기계적 힘의 관여 없이도 발생한다는 사실이 한편으로는 이해를 도왔지만, 다른 한편으로는 혼란을 가중시켰다. 일반적인 외상성 신경증에서는 두 가지 특징이 두드러지는데, 이것이 우리의 고찰을 시작할 수 있는 지점이다. 첫째, 원인의 주요 중점이 놀람의 요소, 즉 충격에 있는 것으로 보인다는 점이고, 둘째, 동시에 겪은 부상이나 상처가 대부분 신경증의 발병을 방해하는 경향이 있다는 점이다. 충격Schreck, 공포Furcht, 불안Angst은 종종 동의어처럼 잘못 사용되지만, 위험과의 관계에서 이들을 명확히 구분할 수 있다. 불안은 위험에 대한 기대와 이에 대한 준비 상태를 나타내며, 그 위험이 알려지지 않았더라도 마찬가지다. 공포는 두려워하는 특정 대상을 요구한다. 그러나 충격은 준비되지 않은 상태에서 위험에 처했을 때 빠지게 되는 상태를 가리키며, 놀람의 요소가 강조된다. 나는 불안 자체가 외상성 신경증을 일으키지는 않는다고 본다. 불안은 충격(그리고 충격 신경증)에 대한 방어 요소를 지닌다. 이 점은 뒤에서 다시 다룬다.

꿈에 대한 연구는 정신적 심층 과정을 탐구하는 가장 신뢰할 수 있는 길로 간주될 수 있다. 외상성 신경증 환자의 꿈은 환자를 반복해서 사고 장면으로 되돌려 보내는 특징을 보이는

데, 이로부터 환자는 새로운 공포와 함께 깨어난다. 이에 대해 우리는 너무 적게 놀란다. 사람들은 외상적 경험이 만든 인상의 강렬함을 보여주는 증거일 뿐이라고 생각하는데, 이는 심지어 수면 중에도 환자에게 계속해서 떠오른다. 환자가 말하자면 외상에 심리적으로 고착되어 있는 것이다. 질병을 유발한 경험에 대한 이러한 고착은 히스테리에서 오래전부터 우리에게 잘 알려져 있다. 1893년 브로이어*와 프로이트는 "히스테리 환자들은 대부분 회상에 시달린다"고 말했다. 또한 전쟁 신경증에서도 페렌치와 짐멜과 같은 관찰자들은 많은 운동 증상들을 외상의 순간에 대한 고착을 통해 설명할 수 있었다.

그러나 외상성 신경증 환자들이 깨어있는 상태에서 사고에 대한 기억에 많이 몰두하는지는 내게 알려진 바 없다. 아마도 그들은 오히려 사고에 대해 생각하지 않으려고 애쓸 것이다. 만약 야간의 꿈이 환자를 다시 그 병을 일으킨 상황으로 되돌려 보낸다는 것을 당연하게 받아들인다면, 그것은 꿈의 본질을 오해하는 것이다. 꿈의 본성에 더 부합하는 것은 환자에게 건강했던 시절의 모습이나 희망하는 회복의 이미지를 보여주는 것이다. 사고 신경증 환자들의 꿈 때문에 꿈의 소원성취적

---

* Josef Breuer, 1842-1925, 오스트리아 의사, 프로이트와 '히스테리 연구' 공저

경향을 의심하게 된다면, 우리에게 남은 설명은 아마도 이러한 상태에서는 다른 많은 것들처럼 꿈의 기능도 흔들려서 원래의 목적에서 벗어나게 되었다는 것이거나, 아니면 자아의 수수께끼 같은 마조히즘적 경향을 고려해야 할 것이다.

나는 이제 외상성 신경증이라는 불분명하고 음울한 주제를 떠나, 정신적 장치의 작업방식을 그 가장 초기의 정상적인 활동 가운데 하나에서 연구해보자고 제안한다. 내가 말하는 것은 아이들의 놀이이다.

아이들의 놀이에 관한 다양한 이론들은 최근 S. 파이퍼[*]에 의해 『이마고Imago』(5권 4호)에 정리되어 분석적으로 평가된 바 있어, 나는 여기서 그 연구를 참고할 수 있다. 이러한 이론들은 쾌락 획득이라는 경제적 관점을 전면에 내세우지 않은 채, 아이들이 놀이를 하는 동기를 추측하려고 노력한다. 나는 이러한 현상 전체를 포괄하려는 의도 없이, 1년 6개월 된 남자아이의 최초의 자발적 놀이를 해명할 기회를 활용했다. 이것은 단순한 일시적 관찰이 아니었다. 나는 몇 주 동안 그 아이와 그의 부모와 함께 한 지붕 아래에서 생활했고, 그 수수께끼 같고 끊임없이 반복되는 행동이 그 의미를 드러내기까지는 꽤

---

* S.Pfeifer, 20세기 초 정신분석학 연구자, 아동 놀이 이론을 '이마고' 학술지에 발표

오랜 시간이 걸렸다.

그 아이는 지적 발달이 결코 빠르지 않았다. 1년 6개월에 겨우 몇 개의 이해할 수 있는 단어를 말했고, 그 외에도 주변 사람들이 이해할 수 있는 여러 의미 있는 소리를 낼 수 있었다. 하지만 부모와 유일한 하녀와 좋은 관계를 유지했고, "점잖은" 성격으로 칭찬받았다. 아이는 밤에 부모를 방해하지 않았고, 일부 물건을 만지거나 특정 방에 들어가지 말라는 금지 사항을 양심적으로 지켰다.† 나는 마침내 이것이 놀이라는 것과 아이가 모든 장난감을 단지 "사라짐" 놀이를 하는 데 사용하고 있다는 것을 깨달았다. 어느 날 나는 내 이해를 확인해주는 관찰을 하게 되었다. 아이는 실로 감긴 나무 실패를 가지고 있었다. 아이는 그것을 바닥에 끌고 다니며 마차놀이를 하는 것 같은 생각은 전혀 하지 않았다. 대신 실로 묶인 실패를 커튼이 쳐진 작은 침대 가장자리 너머로 매우 능숙하게 던져 실패가 사라지게 한 다음, 의미심장한 "오-오-오-오"를 말하고, 실

---

† 무엇보다도, 어머니가 몇 시간 동안 자리를 비울 때도 전혀 울지 않았다. 비록 어머니에게 애정을 갖고 있었고, 그 어머니는 아이에게 직접 젖을 먹일 뿐만 아니라 외부의 도움 없이 아이를 돌보고 보살폈지만 말이다. 이 착한 아이는 때때로 성가신 습관을 보였는데, 손에 잡히는 모든 작은 물건들을 방 구석이나 침대 밑 등으로 멀리 던져버리는 것이었다. 그래서 아이의 장난감을 모으는 일이 종종 쉽지 않은 작업이 되곤 했다. 이렇게 할 때마다 아이는 흥미와 만족의 표정으로 길게 "오-오-오-오"라고 소리를 냈는데, 어머니와 관찰자의 일치된 판단에 따르면 이것은 감탄사가 아니라 "가버렸다(Fort)"를 의미했다.

을 당겨 실패를 다시 침대에서 꺼냈다. 그리고 실패가 다시 나타나면 "여기 있다"라고 인사했다. 사라짐-재등장이 한 쌍을 이루는 완결된 놀이였으며, 실제로는 첫 동작(사라지게 하기)만을 지치지 않고 더 자주 반복했다. 비록 더 큰 즐거움은 의심할 여지없이 두 번째 행위에 있었지만 말이다.†

  이 놀이의 해석은 곧 명백해졌다. 그것은 아이의 위대한 문화적 성취, 즉 어머니가 떠나는 것을 저항 없이 허용하는 본능적 욕구(본능적 만족)의 포기와 연관되어 있었다. 아이는 자신이 손에 닿는 물건들로 사라짐과 돌아옴을 직접 연출함으로써 일종의 보상을 받았다. 이 놀이의 정서적 평가에 있어서, 아이가 스스로 이 놀이를 발명했는지 아니면 어떤 자극을 받아 자기 것으로 만들었는지는 당연히 중요하지 않다. 우리의 관심은 다른 지점으로 향할 것이다. 어머니의 부재는 아이에게 결코 즐겁지 않았을 뿐더러 무관심한 일도 아니었을 것이다. 그렇다면 아이가 이 고통스러운 경험을 놀이로 반복하는 것이 쾌락 원칙과 어떻게 일치할 수 있을까? 어떤 사람들은 아마도

---

† 이 해석은 후속 관찰을 통해 완전히 확증되었다. 어느 날 어머니가 여러 시간 동안 집을 비웠다가 돌아왔을 때, "베비 오-오-오-오!"라는 처음에는 이해할 수 없었던 말로 맞이받았다. 그러나 곧 이 아이가 혼자 있던 긴 시간 동안 자신을 사라지게 하는 방법을 발견했음이 밝혀졌다. 아이는 거의 바닥까지 내려오는 전신거울에서 자신의 모습을 발견했고, 그 다음 쪼그려 앉아 거울 속 자신의 모습이 "사라지게" 했던 것이다.

이렇게 대답하고 싶을 것이다. '사라짐'은 기쁨을 주는 '다시 나타남'의 전제조건으로서 연출되어야 하며, 후자에 진정한 놀이의 의도가 있다고. 그러나 이러한 설명은 첫 번째 행위, 즉 '사라짐'이 그 자체로 놀이로 연출되었으며, 게다가 즐거운 결말로 이어지는 전체 놀이보다 훨씬 더 자주 반복되었다는 관찰 사실과 모순된다.

이러한 개별 사례의 분석은 결정적인 답을 주지 않는다. 편견 없이 관찰하면, 아이가 다른 동기에서 이 경험을 놀이로 만들었다는 인상을 받는다. 아이는 처음에 수동적이었고 경험의 영향을 받았지만, 이제 불쾌했음에도 불구하고 똑같은 경험을 놀이로 반복함으로써 자신을 능동적인 역할로 전환시킨다. 이러한 노력은 기억 자체가 즐거웠는지 여부와 상관없이 독립적으로 작용하는 일종의 지배 본능으로 간주할 수 있다. 그러나 또 다른 해석도 가능하다. 물건을 멀리 던져 사라지게 하는 행동은 어머니가 아이를 떠났기 때문에 평소에는 억압된 복수 충동의 만족일 수 있으며, 그럴 경우 "그래, 가버려, 난 당신이 필요 없어, 내가 직접 당신을 보내버릴 거야"라는 도전적인 의미를 담고 있을 것이다. 내가 1년 6개월에 첫 놀이를 관찰했던 바로 그 아이는 1년 후에 자신을 화나게 한 장난감을 바닥에 던지며 "전쟁터에 가버려!"라고 말하곤 했다. 당시 그에게 아버지가 전쟁에 나가 있다고 말해주었는데, 아이는 아버지를 그다지 그리워하지 않았으며, 오히려 어머니를 혼자 차지하는 데 방해받기를 원치 않는다는 명백한 징후를 보였다.† 다른 아이들도 물건을 던져버림으로써 사람들에 대한 유사한 적대적 감정을 표현할 수 있다는 것을 우리는 알고 있다.* 이렇게 되면 인상적인 무언가를 정신적으로 처리하고, 그것을 완전히 장악하려는 충동이 쾌락 원칙과 독립적으로 일차적으로 표현될 수 있는지에 대해 의심이 생긴다. 여기서 논의된 사례에서, 아이가 불쾌한 인상을 놀이로 반복하는 것은 이러한 반복을 통해 다른 종류의, 그러나 직접적인 쾌락을 얻을 수 있기 때문일 것이다.

아이 놀이에 대한 추가적인 관찰도 이런 우리의 두 가지 해석 사이 흔들림을 해결해주지는 않는다. 아이들이 놀이에서 자신의 삶에 큰 인상을 준 모든 것을 반복하고, 그렇게 함으로써 그 인상의 강렬함을 해소하며 말하자면 스스로 상황의 주인이 되려고 한다는 것을 알 수 있다. 그러나 다른 한편으로는, 그들의 모든 놀이가 이 시기를 지배하는 욕망, 즉 어른이 되어

---

† 이 아이가 만 5세 9개월이 되었을 때, 어머니가 사망했다. 이제 어머니가 정말로 "사라진"(오-오-오) 상황에서도, 소년은 어머니에 대한 슬픔을 보이지 않았다. 물론 그 사이에 두 번째 아이가 태어나 그의 강한 질투심을 불러일으켰던 상황이었다.

* 참조: 『'시와 진실'에서의 유년기 회상』 이마고 제5권 4호, 신경증 이론에 관한 소논문 모음집, 제4판.

어른처럼 행동하고 싶은 욕망의 영향 아래 있다는 것도 충분히 분명하다. 또한 우리는 경험의 불쾌한 특성이 항상 그것을 놀이에 부적합하게 만드는 것은 아니라는 관찰을 할 수 있다. 의사가 아이의 목을 들여다보거나 작은 수술을 했다면, 이 무서운 경험은 틀림없이 다음 놀이의 내용이 될 것이다. 그러나 여기서 다른 원천에서 오는 쾌락 획득을 간과해서는 안 된다. 아이가 경험의 수동성에서 놀이의 능동성으로 전환함으로써, 자신이 겪었던 불쾌한 일을 놀이 친구에게 가하고, 이렇게 해서 이 대리인을 통해 복수하는 것이다.

이러한 고찰에서 분명히 알 수 있는 것은, 놀이의 동기로서 특별한 모방 본능을 가정하는 것이 불필요하다는 점이다. 여기에 덧붙여, 아동의 행동과는 달리 관객을 염두에 두는 성인의 예술적 놀이와 모방이, 비극에서처럼 가장 고통스러운 인상을 관객에게 전달함에도 불구하고 관객에 의해 큰 즐거움으로 느껴질 수 있다는 사실을 상기해보자. 이를 통해 우리는 쾌락 원칙의 지배 하에서도, 그 자체로는 불쾌한 것을 기억과 심적 작업의 소재로 만들 충분한 수단이 있음을 보여준다. 궁극적으로 쾌락으로 끝나는 이러한 사례들과 상황들은 경제적 관점에서의 미학이 다룰 수 있을 것이다. 그러나 이것들은 우리의 목적에는 도움이 되지 않는다. 왜냐하면 이들은 쾌락 원칙의 존재와 지배를 전제하고 있으며, 쾌락 원칙을 넘어선 경향들, 즉 쾌락 원칙보다 더 근원적이고 그것으로부터 독립적인 경향들의 작용에 대한 증거를 제공하지 않기 때문이다.

제3장 무의식적 반복의 의미

 25년에 걸친 집중적인 작업으로 인해 오늘날 정신분석 기법의 직접적 목표는 초기와는 상당히 달라졌다. 처음에 분석가는 환자에게 숨겨진 무의식을 추측하고, 이를 재구성하여 적절한 시기에 전달하는 것 이상을 목표로 할 수 없었다. 정신분석은 무엇보다 해석의 기술이었다. 그러나 이것만으로는 치료적 과제가 해결되지 않았기 때문에, 곧 환자가 자신의 기억을 통해 분석가의 구성을 확인하도록 이끄는 다음 목표가 생겨났다. 이 과정에서 저항이 핵심 쟁점이 되었고, 기법은 그 저항을 신속히 포착해 피분석자에게 보여주며, 인격적 영향(여기서는 전이를 통해 작동하는 암시)으로 저항을 포기하게 설득하는 방향으로 전개되었다.

 그러나 점점 더 분명해진 것은, '무의식을 의식화한다'는 설정된 목표가 이러한 방식으로도 완전히 달성될 수 없다는 사실이었다. 환자는 자신 안에 억압된 것을 모두 기억할 수 없으며, 아마도 가장 본질적인 부분을 기억하지 못하고, 따라서 자신에게 전달된 구성의 정확성에 대한 확신을 얻지 못한다. 그는 억압된 것을 의사가 바라는 것처럼 과거의 한 부분으로 기억하는 대신, 현재의 경험으로 반복할 수밖에 없다.† 이러한 원치 않는 충실함으로 나타나는 재현은 항상 유아기 성생활의 일부, 즉 오이디푸스 콤플렉스와 그 파생물을 내용으로 하며, 규칙적으로 전이의 영역, 즉 의사와의 관계 속에서 일어난다. 치료가 이 정도까지 진행되면, 이전의 신경증이 이제 새로운 전이 신경증으로 대체되었다고 말할 수 있다. 의사는 이 전이 신경증의 범위를 가능한 한 제한하고, 가능한 한 많은 것을 기억으로 밀어 넣고, 가능한 한 적은 것이 반복되도록 노력한다. 기억과 재현 사이에 형성되는 관계는 각 사례마다 다르다. 일반적으로 의사는 분석 대상자에게 치료의 이 단계를 피하게 할 수 없다. 그는 환자가 자신의 잊혀진 삶의 특정 부분을 다시 경험하도록 해야 하며, 동시에 겉보기에 현실처럼 보이는 것이 사실은 잊혀진 과거의 반영으로 인식될 수 있도록 어느 정도의 주도권을 유지해야 한다. 이것이 성공하면, 환자의 확신과 그것에 의존하는 치료적 성공이 얻어진다.

---

† 『정신분석 기법에 관하여 II. 회상, 반복, 그리고 극복작업』. 신경증 이론에 관한 소논문 모음집, 제4집, 441페이지, 1918년

이 "반복 강박"이 신경증 환자의 정신분석 치료 중에 나타나는 현상을 더 잘 이해하기 위해서는 무엇보다 저항의 주체를 '무의식'으로 오해하지 말아야 한다. 무의식, 즉 "억압된 것"은 치료의 노력에 전혀 저항하지 않는다. 그것은 오히려 자신에게 가해지는 압력에 맞서 의식으로 나아가거나 실제 행동을 통해 방출되기를 스스로 추구한다. 치료에서의 저항은 처음에 억압을 수행했던 정신 생활의 동일한 상위 층위와 체계에서 비롯된다. 그러나 저항의 동기, 심지어 저항 자체가 치료 과정에서 처음에는 무의식적이라는 경험적 사실은 우리의 표현 방식의 부적절함을 고쳐야 한다는 것을 일깨운다. 그러므로 '의식/무의식'의 대비보다는 통합된 자아 대 억압된 것의 대비로 말해야 한다. 자아의 많은 부분, 특히 자아의 핵심이라 부를 수 있는 것은 확실히 그 자체로 무의식적이다. 우리는 그 중 매우 적은 부분만을 전의식이라는 이름으로 지칭한다. 이처럼 단순히 기술적인 표현 방식을 체계적이거나 역동적인 것으로 대체한 후에는, 분석 대상자의 저항이 그들의 자아에서 비롯된다고 말할 수 있다. 이 관점에서 반복 강박은 억압된 것의 힘의 표현이며, 치료가 억압을 완화시키기 전에는 드러나지 않았던 것이다.

의식적이고 전의식적인 자아의 저항이 쾌락 원칙을 따른다는 것은 의심의 여지가 없다. 이 저항은 억압된 것이 풀려남으로써 발생할 불쾌감을 피하려 하기 때문이다. 우리의 노력은 현실원칙을 근거로 해서 이러한 불쾌감의 허용을 이끌어내는 데 있다. 그렇다면 억압된 것의 힘의 표현인 반복 강박은 쾌락 원칙과 어떤 관계에 있는가? 반복 강박이 다시 체험하게 하는 대부분의 것이 자아에게 불쾌감을 가져다주는 것은 분명하다. 왜냐하면 이것은 억압된 충동적 요구들의 발현을 촉진하기 때문이다. 그러나 이는 이미 인정한 성질의 불쾌로서, 한 체계에는 불쾌지만 다른 체계에는 일종의 만족일 수 있기에 쾌락 원칙과 곧바로 모순되지는 않는다. 문제는, 아예 쾌락 가능성이 없었던 과거의 경험들, 즉 당시에도 만족을 주지 않았고 심지어 그 이후에 억압된 충동적 요구들의 만족도 될 수 없었던 경험들을 다시 가져온다는 것이다.

유아기 성생활의 조기 발달은 그 욕망이 현실과 양립할 수 없고 아동의 발달 단계가 불충분했기 때문에 필연적으로 몰락할 수밖에 없었다. 이는 가장 고통스러운 상황 속에서 깊은 정신적 고통을 수반하며 붕괴되었다. 사랑의 상실과 실패는 자존감에 지속적인 손상을 남겼는데, 이는 나르시시즘적 상처로서 나의 경험과 마르치노프스키의 논의에 따르면†, 신경증 환

---

† 마르치노프스키*(J.Marcinowski, 20세기 초 독일 정신분석 연구자, 열등감의 성적 기원을 탐구한 논문으로 아들러의 개체심리학과 프로이트의 정신분석학 접점을

자들의 흔한 "열등감"에 가장 강력하게 기여하는 요소이다. 아동의 신체적 발달에 의해 제한된 성적 탐구는 만족스러운 결론에 도달하지 못했다. 이로 인해 후에 "나는 아무것도 끝마칠 수 없다, 나는 아무것도 성공할 수 없다"라는 불평이 나오게 된다. 대개 이성 부모에 대한 애정적 유대는 실망, 만족을 위한 헛된 기다림, 그리고 새 아이의 탄생으로 인한 질투로 인해 무너졌다. 이는 사랑하는 대상의 불충실함을 명백히 증명했다. 아이 스스로 그런 아이를 만들려는, 비극적인 진지함으로 시도한 노력은 수치스럽게 실패했다. 어린아이에게 베풀어지던 애정의 감소, 교육에 따른 요구 증가, 진지한 말들과 간혹 주어지는 처벌은 결국 아이가 겪게 된 거부의 전체 범위를 드러냈다. 이런 유아기 사랑이 어떻게 끝나게 되는지에 관해 규칙적으로 반복되는 몇 가지 유형들이 존재한다.

신경증 환자는 이러한 모든 원치 않는 사건들과 고통스러운 감정 상태들을 전이를 통해 놀랄 만큼 솜씨 있게 재현한다. 그들은 미완의 치료를 중단하려 들고, 거부당했다는 느낌을 다시 만들어내며, 의사로 하여금 가혹한 말과 냉담한 태도를 취하게끔 몰아간다. 처음 간절히 바라던 '아이'는 중요한 선물을

시도), 「열등감의 에로틱한 근원」, 『성과학 잡지』 제4권, 1918년.

주겠다는 약속으로 대체되지만, 그 약속도 대개 그 아이만큼이나 실현되지 않는다. 이 모든 것은 당시에는 어떤 쾌락도 가져올 수 없었다. 이것들이 오늘날 새로운 경험으로 형성될 때보다 기억으로 떠오를 때 훨씬 적은 불쾌감을 가져올 것이라고 생각하는 것이 합리적일 것이다. 물론 이는 만족을 가져와야 할 본능의 작용이지만, 그것이 당시에도 불쾌감만 가져왔다는 경험은 아무런 도움이 되지 않았다. 그럼에도 불구하고 이것은 반복된다. 어떤 강제력이 이를 추동한다.

정신분석이 신경증 환자들의 전이 현상에서 보여주는 것은 신경증이 없는 사람들의 삶에서도 발견할 수 있다. 이러한 사람들에게는 그들을 쫓아다니는 운명, 그들의 경험 속에 있는 어떤 악마적인 특성이 있는 듯한 인상을 준다. 정신분석은 처음부터 이러한 운명이 대부분 스스로 만들어낸 것이며 유아기 초기의 영향에 의해 결정된 것이라고 여겨왔다. 여기서 나타나는 강박은 신경증 환자들의 반복 강박과 다르지 않다. 비록 이러한 사람들이 증상 형성으로 해결된 신경증적 갈등의 징후를 결코 보이지 않았더라도 말이다. 그래서 우리는 모든 인간관계가 같은 결말을 맞는 사람들을 안다: 자신이 돕던 모든 피보호자들로부터 얼마 지나지 않아 분노 속에서 버림받는 은인들(그들이 얼마나 다를지라도), 즉 배은망덕의 모든 쓰라림을 맛보도록 운명지어진 듯한 사람들; 모든 우정이 친구의 배신으로 끝나는 사람들; 자신이나 대중을 위해 다른 사람을 위대한 권위자로 세우는 일을 삶에서 수없이 반복하고, 일정 시간이 지난 후 그 권위자를 스스로 무너뜨리고 새로운 권위자로 대체하는 사람들; 여성과의 모든 애정 관계가 똑같은 단계를 거쳐 같은 결말에 이르는 연인들 등. 우리는 이러한 "동일한 것의 영원한 회귀"에 그다지 놀라지 않는다. 특히 그것이 해당 인물의 능동적인 행동일 때, 그리고 우리가 동일한 경험의 반복으로 표현되는 그의 본질에 있는 변함없는 성격적 특성을 발견할 때 그렇다. 훨씬 더 강한 영향을 주는 경우는 그 사람이 영향력을 미칠 수 없는 무언가를 수동적으로 경험하는 것처럼 보이는데도, 계속해서 같은 운명의 반복을 경험하는 경우이다. 예를 들어, 세 번이나 연속해서 남자와 결혼했고, 각 남자가 짧은 시간 후에 병에 걸려 그녀에 의해 죽을 때까지 간호를 받아야 했던 한 여성의 이야기를 생각해보라.† 이러한 운명의 연쇄에 대한 가장 감동적인 시적 묘사는 낭만적 서사시 "예루살렘 해방"에서 타소가 제시했다. 영웅 탄크레드는 적군의 기사 갑옷을 입고 그와 싸운 사랑하는 클로린다를 모르고 죽였

---

† 이와 관련된 탁월한 견해는 C. G. 융*(Carl Gustav Jung, 1875-1961, 스위스 정신과 의사, 분석심리학 창시자. 프로이트의 초기 제자였으나 1913년 결별)의 논문 『개인의 운명에 있어서 아버지의 중요성』에서 찾아볼 수 있다. 정신분석 연감, 제1권, 1909

다. 그녀의 장례식 후, 그는 십자군을 두렵게 하는 불길한 마법의 숲으로 들어간다. 그곳에서 그는 칼로 높은 나무를 찍는데, 나무의 상처에서 피가 흐르고 클로린다의 목소리(그녀의 영혼이 이 나무에 갇혀 있었다)가 그를 원망하며, 다시 한번 그가 사랑하는 여인을 해쳤다고 비난한다.

이러한 전이 행동과 인간 운명에 관한 관찰들을 고려해볼 때, 우리는 정신 생활에 실제로 쾌락 원칙을 넘어서는 반복 강박이 존재한다고 가정할 용기를 얻게 된다. 또한 우리는 이제 사고 신경증 환자들의 꿈과 아이의 놀이 충동도 이 강박에 연관시키고자 한다. 물론 반복 강박이 다른 동기와 얽히지 않은 순수 형태로 관찰되는 일은 드물다. 아이의 놀이에서 우리는 이미 그것의 발생이 다른 해석들도 허용한다는 점을 강조했다. 반복 강박과 직접적인 쾌락적 충동 만족은 그 안에서 긴밀하게 얽혀 있는 것으로 보인다. 전이 현상은 분명히 억압을 고수하는 자아 측의 저항에 기여한다; 반복 강박은 마치 쾌락 원칙을 유지하려는 자아에 의해 도움을 요청받는 것과 같다. 우리가 운명의 강박이라 부를 수 있는 것의 많은 부분은 합리적인 고찰을 통해 이해될 수 있어서, 새로운 신비한 동기를 설정할 필요성을 느끼지 않는다. 아마도 사고 꿈의 경우가 가장 의심의 여지가 없을 것이다. 그러나 더 깊이 생각해보면, 다른 예시들에서도 우리가 알고 있는 동기들의 작용만으로는 상황이 완전히 설명되지 않는다는 점을 인정해야 한다. 반복 강박의 가정을 정당화하는 충분한 근거가 남아 있으며, 이 강박은 그것에 의해 밀려난 쾌락 원칙보다 더 원초적이고, 더 기본적이며, 더 충동적인 것으로 보인다. 그러나 만약 정신에 이러한 반복 강박이 존재한다면, 우리는 그것이 어떤 기능에 해당하는지, 어떤 조건에서 나타날 수 있는지, 그리고 쾌락 원칙과 어떤 관계에 있는지에 대해 알고 싶다. 지금까지 우리는 쾌락 원칙이 정신 생활의 흥분 과정 진행을 지배한다고 믿어왔다.

제4장 생명체의 충동적 보수성

 이제 다음에 오는 것은 추측이다. 종종 멀리 뻗어나가는 추측으로, 각자 자신의 특별한 관점에 따라 그 가치를 평가하거나 무시할 수 있을 것이다. 더 나아가 이것은 하나의 아이디어를 일관되게 활용해보려는 시도로, 이것이 어디로 이끌지에 대한 호기심에서 비롯된 것이다.

 정신분석적 사색은 무의식적 과정을 연구하면서 얻게 된 인상에서 출발하는데, 이에 따르면 의식은 정신적 과정의 가장 보편적인 특성이 아니라 단지 그것의 특수한 기능일 뿐이라는 것이다. 메타심리학적 표현으로 말하자면, 의식은 'Bw*'라고 명명하는 특별한 체계의 기능이라고 주장한다. 의식이 근본적으로 외부 세계에서 오는 자극의 지각과 오직 정신 장치

---

* Bewusstsein, 의식

내부에서만 발생할 수 있는 쾌·불쾌의 감각을 제공하기 때문에, W-Bw[1*] 체계에는 공간적 위치를 할당할 수 있다. 이 체계는 외부와 내부의 경계에 위치해야 하며, 외부 세계를 향하고 다른 정신적 체계들을 감싸고 있어야 한다. 우리는 이러한 가정으로 새로운 것을 모험한 것이 아니라, 의식의 '위치'를 중추 기관의 가장 바깥쪽 포장층인 대뇌 피질에 놓는 뇌 해부학의 국지화 이론을 따른 것에 불과하다는 것을 알게 된다. 뇌 해부학은 왜 - 해부학적으로 말하자면 - 의식이 뇌의 가장 깊숙한 내부의 어딘가에 안전하게 자리 잡는 대신 뇌의 표면에 위치하는지에 대해 고민할 필요가 없다. 아마도 우리는 우리의 W-Bw 체계에 대한 이러한 위치 설정에 대한 설명에서 더 나아갈 수 있을 것이다.[2*]

의식은 우리가 이 체계 내의 과정에 귀속시키는 유일한 특수성이 아니다. 우리는 정신분석적 경험에서 얻은 인상에 근거하여, 다른 체계의 모든 흥분 과정이 기억의 기초로서 지속

1* Wahrnehmung-Bewusstsein, 지각-의식
2* 프로이드는 복잡한 정신 구조를 체계화하기 위해 독일어 약어 체계를 사용했다. Bw(Bewusstsein)는 의식, Vbw(Vorbewusstes)는 전의식, Ubw(Unbewusstes)는 무의식을 뜻한다. W-Bw(Wahrnehmung-Bewusstsein)는 지각-의식 체계로, 외부 세계의 자극과 내부 감각을 동시에 처리하는 정신 장치의 표면층을 의미한다. 이러한 약어들은 독일 학술 전통의 정밀한 개념 구분법을 반영하며, 프로이드가 정신분석학을 과학적 이론 체계로 발전시키려는 시도의 일환이다.

적인 흔적을 그 안에 남긴다고 가정한다. 즉, 의식화와는 아무 관련이 없는 기억의 잔재가 존재한다는 것이다. 이런 흔적들은 그것을 남긴 과정이 결코 의식에 도달하지 않았을 때 종종 가장 강력하고 지속적이다. 그러나 우리는 그러한 흥분의 지속적 흔적이 W-Bw 체계에서도 형성된다고 믿기 어렵다. 만약 이러한 흔적들이 항상 의식적으로 남아있다면, 그것들은 새로운 흥분을 받아들이는 체계의 능력을 빠르게 제한할 것이다.† 반면 그것들이 무의식적이 된다면, 우리는 그 기능이 일반적으로 의식 현상을 동반하는 체계 내에 무의식적 과정이 존재한다는 것을 설명해야 하는 과제에 직면하게 된다. 즉, 의식화를 특별한 체계에 귀속시키는 우리의 가정으로는 아무것도 변화시키지 못하고 얻지도 못했을 것이다. 이것이 절대적으로 구속력 있는 고려사항이 아닐지라도, 그것은 의식화와 기억 흔적의 남김이 동일한 체계 내에서는 서로 양립할 수 없다는 추측으로 우리를 이끌 수 있다. 그래서 우리는 Bw 체계에서 흥분 과정이 의식화되지만, 지속적인 흔적을 남기지 않는다고 말할 수 있다. 기억이 의존하는 모든 흔적은 흥분이 다음 내부 체계로 전파될 때 그 체계들 내에서 형성된다. 이러

---

† 이것은 전적으로 J. 브로이어의 『히스테리 연구』(1895) 이론 부분에서의 설명에 따른 것이다.

한 의미에서 내가 1900년 "꿈의 해석"의 사변적 부분에 삽입한 도식도 고안되었다. 의식의 발생에 대해 다른 출처에서 우리가 얼마나 적게 알고 있는지 고려해보면, '의식은 기억 흔적 대신에 발생한다'는 명제에 적어도 어떤 식으로든 정의된 주장으로서의 의미를 인정해야 할 것이다.

Bw 체계는 어떤 특별함을 갖고 있는데, 그것은 흥분 과정이 다른 모든 심리적 체계에서처럼 그 요소들의 지속적인 변화를 남기는 것이 아니라, 의식화 현상 속에서 말하자면 사라져버린다는 점이다. 일반적 규칙으로부터의 이런 이탈은 오직 이 특정 체계에만 고려될 수 있는 요소를 통해 설명되어야 하며, 다른 체계들에게는 부정되어야 할 이 요소는 아마도 Bw 체계의 노출된 위치, 즉 외부 세계와의 직접적인 접촉일 것이다.

살아있는 유기체를 최대한 단순화하여 분화되지 않은, 자극 반응성 물질로 이루어진 작은 수포로 생각해보자. 이때 외부 세계를 향한 표면은 그 위치 자체에 의해 이미 분화되어 있으며, 자극을 받아들이는 기관으로 기능한다. 발생학은 발달 역사의 반복으로서, 중추신경계가 실제로 외배엽에서 발생한다는 것을 보여준다. 그리고 대뇌의 회백질은 여전히 원시적 표면의 파생물로, 유전을 통해 그 본질적 특성들을 물려받았을 수 있다. 이런 맥락에서, 외부 자극들이 지속적으로 수포의 표면에 부딪혀 그 물질이 일정 깊이까지 영구적으로 변화되어,

표면에서의 흥분 과정이 더 깊은 층에서와는 다르게 진행된다고 생각하기 쉽다. 이렇게 하나의 표층이 형성되는데, 이 표층은 결국 자극의 영향으로 완전히 '소진되어' 자극 수용에 가장 유리한 조건을 제공하게 되며, 더 이상의 수정이 불가능하게 된다. Bw 체계에 적용하면, 이는 이 체계의 요소들이 흥분이 통과할 때 더 이상 영구적 변화를 받아들일 수 없다는 것을 의미한다. 왜냐하면 그것들은 이미 이러한 효과의 방향으로 최대한 수정되었기 때문이다. 그러나 그렇기 때문에 이들은 의식을 발생시킬 수 있게 된다. 물질과 그 안에서의 흥분 과정의 이러한 수정이 무엇으로 구성되는지에 대해서는 다양한 생각을 할 수 있지만, 현재로서는 검증이 불가능하다. 흥분이 한 요소에서 다른 요소로 진행할 때 저항을 극복해야 하며, 이 저항의 감소가 흥분의 지속적 흔적(통로 형성)을 남긴다고 가정할 수 있다. Bw 체계에서는 한 요소에서 다른 요소로의 그러한 전이 저항이 더 이상 의미 있게 존재하지 않을 것이다. 이러한 개념은 정신적 체계의 요소들 내에서 정지된(결합된) 에너지와 자유롭게 움직이는 점유 에너지 사이의 브로이어의 구별과 연결될 수 있다.† Bw 체계의 요소들은 결합된 에너지를

---

† J. 브로이어와 S. 프로이드의 『히스테리 연구』, 제3판, 1917년

갖지 않고, 오직 자유롭게 방출 가능한 에너지만을 지닌다고 할 수 있다. 하지만 나는 현재로서는 이러한 관계에 대해 가능한 한 불명확하게 표현하는 것이 더 낫다고 생각한다. 어쨌든 이러한 사변을 통해 우리는 의식의 발생을 Bw 체계의 위치 및 그것에 귀속되는 흥분 과정의 특수성과 어느 정도 연관시킬 수 있었다.

살아있는 작은 수포와 그 자극 수용 표층에 대해 우리는 더 논의해야 할 것이 있다. 이 작은 생명체는 강력한 에너지로 가득 찬 외부 세계 속에 떠 있으며, 자극 차폐막이 없다면 외부 자극의 영향으로 파괴되고 말 것이다. 이 자극 차단은 수포의 가장 바깥쪽 표면이 생명체 고유의 구조를 포기하고 일종의 무기물 상태가 됨으로써 이루어진다. 이렇게 특별한 외피나 막이 형성되어 자극을 차단하는 기능을 하는데, 이는 외부 세계의 에너지가 원래 강도의 일부분만 안쪽의 살아있는 층으로 전달되게 한다. 이 내부 층들은 자극 차단막 뒤에서 통과된 자극량을 수용하는 데 전념할 수 있다. 외부층은 자신이 죽음으로써 더 깊은 층들을 같은 운명으로부터 보호한다. 적어도 자극 차단막을 뚫을 만큼 강한 자극이 도달하지 않는 한 그러하다. 살아있는 유기체에게 자극 차단은 자극 수용보다 거의 더 중요한 과제이다. 자극 차단막은 고유한 에너지 공급을 갖추고 있으며, 무엇보다도 자신 안에서 일어나는 특수한 형태의 에너지 변환을 외부에서 작용하는 압도적인 에너지의 평준화시키는, 즉 파괴적인 영향으로부터 보호하려고 노력해야 한다. 자극 수용은 주로 외부 자극의 방향과 유형을 파악하는 목적을 가지며, 이를 위해서는 외부 세계의 작은 표본을 채취하여 소량으로 맛보는 것으로 충분하다. 고도로 발달된 유기체에서는 한때 수포였던 것의 자극 수용 표층이 오래 전에 신체 내부 깊숙이 들어갔지만, 그 일부는 표면 바로 아래 일반적인 자극 차단막 아래에 남아있다. 이것들이 감각 기관인데, 이들은 기본적으로 특정 자극 영향을 수용하기 위한 장치를 포함하고 있으며, 또한 과도한 자극량으로부터의 추가 보호와 부적절한 자극 유형을 차단하기 위한 특별한 장치를 갖추고 있다. 이 감각 기관들의 특징은 외부 자극의 매우 적은 양만 처리한다는 것이다. 그들은 외부 세계의 표본만 채취한다. 아마도 이들을 외부 세계를 더듬다가 다시 물러나는 촉수에 비유할 수 있을 것이다.

  이 지점에서 나는 더 깊은 논의가 필요한 주제를 잠시 언급하고자 한다. 칸트의 명제, 즉 시간과 공간이 우리 사고의 필연적인 형식이라는 것은 오늘날 정신분석적 인식으로 인해 논의의 대상이 될 수 있다. 우리는 무의식적 정신 과정이 그 자체로 '무시간적'이라는 것을 알게 되었다. 이는 우선, 그것들이 시간적으로 정돈되지 않고, 시간이 그것들을 변화시키지 않으며, 시간이라는 관념을 그것들에 적용할 수 없다는 것을 의미한다. 이러한 부정적 특성들은 의식적 정신 과정과의 비교를 통해서만 명확하게 이해될 수 있다. 우리의 추상적 시간 개념은 오히려 전적으로 W-Bw 체계의 작동 방식에서 비롯된 것으로 보이며, 그것의 자기 지각에 상응하는 것으로 보인다. 이 체계의 이러한 기능 방식에서는 자극 차단의 다른 경로가 사용되는 것 같다. 이러한 주장들이 매우 모호하게 들린다는 것을 알지만, 나는 이런 암시에 그쳐야만 한다.

우리는 지금까지 살아있는 작은 수포가 외부 세계로부터 자극 차단막을 갖추고 있다고 설명했다. 앞서 우리는 이 수포의 가장 바깥쪽 층이 외부에서 오는 자극을 수용하는 기관으로 분화되어야 한다고 규정했다. 그러나 이 민감한 표층, 즉 후기의 Bw 체계는 내부로부터 오는 흥분도 또한 받는다. 이 체계가 외부와 내부 사이에 위치한다는 점과 한쪽과 다른 쪽으로부터 받는 영향의 조건이 다르다는 점은 이 체계의 기능과 정신 장치 전체의 기능에 결정적인 영향을 미친다. 외부를 향해서는 자극 차단이 있어서 도달하는 흥분량이 오직 축소된 규모로만 작용한다. 반면 내부 방향으로는 자극 차단이 불가능하여, 더 깊은 층에서 오는 흥분이 직접적으로 그리고 감소되지 않은 양으로 이 체계로 전달된다. 이때 흥분 과정의 특정 특성들이 쾌-불쾌 감각의 연속을 야기한다. 물론, 내부에서 오는 흥분들은 그 강도와 다른 질적 특성들(경우에 따라서는 그 진폭)에 있어서 외부 세계에서 흘러 들어오는 자극들보다 이 체계의 작동 방식에 더 적합할 것이다. 그러나 이러한 관계에 의해 두 가지가 결정적으로 규정된다. 첫째, 장치 내부의 과정에 대한 지표인 쾌-불쾌 감각이 모든 외부 자극보다 우세하다는 점이다. 둘째, 지나치게 많은 불쾌감을 야기하는 그러한 내부 흥분에 대한 행동 방향이 결정된다. 이러한 내부 흥분을 마치 내부가 아닌 외부에서 작용하는 것처럼 다루려는 경향이 생기는데, 이는 그것들에 대해 자극 차단의 방어 수단을 적용할 수 있게 하기 위함이다. 이것이 투사(투영)의 기원이며, 이는 병리적 과정의 원인에서 매우 중요한 역할을 담당하게 된다.

  나는 앞서의 고찰들을 통해 쾌락 원칙의 지배를 우리의 이해에 더 가깝게 가져왔다는 인상을 받았다. 그러나 쾌락 원칙에 저항하는 사례들에 대한 설명에는 아직 도달하지 못했다. 따라서 한 걸음 더 나아가자. 자극 차단을 뚫을 만큼 강력한 외부 자극을 우리는 외상적traumatic이라고 부른다. 내 생각에 외상이라는 개념은 일반적으로 효과적인 자극 차단과의 관계를 필요로 한다. 외부 외상과 같은 사건은 틀림없이 유기체의 에너지 운영에 엄청난 혼란을 일으키고 모든 방어 수단을 작동시킬 것이다. 그러나 이때 쾌락 원칙은 일단 작동이 중지된다. 정신 장치가 대량의 자극으로 넘쳐나는 것을 더 이상 막을 수 없게 되고, 대신 다른 과제가 생겨난다. 즉, 자극을 극복하고, 침입한 자극량을 심리적으로 결합하여 처리로 이끄는 과제가 생기는 것이다.

아마도 신체적 고통에서 느끼는 특정한 불쾌감은 자극 차단이 제한된 범위에서 뚫린 결과일 것이다. 이렇게 주변부에서 뚫린 부분으로부터 정신적 중추 장치로 지속적인 흥분이 흘러들어오는데, 이는 일반적으로는 오직 장치 내부에서만 발생할 수 있는 종류의 것이다.† 그렇다면 이러한 침입에 대한 정신 생활의 반응으로 우리는 무엇을 예상할 수 있을까? 모든 방향에서 점유 에너지가 동원되어 침입 지점 주변에 상응하는 높은 에너지 점유를 만들어낸다. 거대한 "대항투자"가 형성되며, 이를 위해 다른 모든 정신 체계가 에너지를 빼앗겨 빈약해지고, 그 결과 광범위한 마비나 다른 정신적 기능의 저하가 일어난다. 우리는 이러한 사례들로부터 배우고, 우리의 메타심리학적 추측을 이러한 모델에 기초하려 한다. 따라서 우리는 이러한 행동으로부터 다음과 같은 결론을 내린다. 즉, 이미 높은 점유 상태에 있는 체계도 새롭게 흘러들어오는 에너지를 수용하여 정지된 점유로 전환할 수 있으며, 이렇게 심리적으

---

† 『충동과 충동의 운명』. 신경증 이론에 관한 소논문 모음집, 제4집, 1918년

로 "결합"할 수 있다는 것이다. 체계 자체의 정지된 점유가 높을수록 결합 능력도 더 커진다. 반대로, 점유가 낮을수록 체계는 흘러들어오는 에너지를 수용할 능력이 떨어지게 되고, 따라서 자극 차단의 파괴로 인한 결과는 더욱 격렬해질 것이다. 침입 지점 주변의 점유 증가가 단순히 도달하는 흥분량의 직접적 전도로 더 간단히 설명된다고 반박하는 것은 옳지 않다. 만약 그런 식으로 작동한다면, 정신 장치는 단지 에너지 점유의 증가만을 경험할 뿐이고, 고통의 마비적 특성과 다른 모든 체계의 에너지 고갈은 설명할 수 없게 된다. 고통의 아주 강력한 방출 효과도 우리의 설명을 방해하지 않는다. 왜냐하면 그것들은 반사적으로 발생하기 때문이다. 즉, 정신 장치의 중재 없이 일어나는 것이다. 우리가 메타심리학적이라고 부르는 모든 논의의 불확실성은 당연히 정신 체계 요소들 내의 흥분 과정의 본질에 대해 우리가 아무것도 모르고, 이에 관한 어떤 가정도 할 권리가 없다고 느끼기 때문이다. 따라서 우리는 항상 큰 X와 함께 작업하고 있으며, 이 X를 모든 새로운 공식에 가져가게 된다. 이 과정이 양적으로 다양한 에너지와 함께 진행된다는 것은 쉽게 받아들일 수 있는 요구사항이다. 또한 이 과정이 하나 이상의 특성(예를 들어 진폭과 같은 종류의)을 가진다는 것도 그럴 듯하다. 새로운 것으로서 우리는 브로이어의 주장을 고려했는데, 이에 따르면 두 가지 형태의 에너지 충전이 있어서 자유롭게 흐르며 방출을 추구하는 점유와 정신 체계(또는 그 요소들)의 정지된 점유를 구별해야 한다는 것이다. 아마도 우리는 정신 장치로 흘러들어오는 에너지의 "결합"이 자유롭게 흐르는 상태에서 정지된 상태로의 전환으로 이루어진다는 추측을 할 수 있을 것이다.

나는 흔한 외상성 신경증을 자극 차단의 광범위한 파괴의 결과로 이해하려는 시도가 가능하다고 생각한다. 이는 충격에 관한 오래되고 소박한 이론을 다시 인정하는 것이며, 얼핏 보기에는 기계적 폭력보다는 공포와 생명의 위협에 원인적 중요성을 부여하는 후대의 심리학적으로 더 정교한 이론과 대립하는 것처럼 보인다. 그러나 이러한 대립은 화해 불가능한 것이 아니며, 외상성 신경증에 대한 정신분석적 이해는 가장 단순한 형태의 충격 이론과 동일하지 않다. 후자가 충격의 본질을 신경 요소의 분자 구조 또는 조직학적 구조의 직접적 손상에서 찾는 반면, 우리는 그 영향을 정신 기관의 자극 차단 파괴와 그로부터 발생하는 과제를 통해 이해하려 한다. 공포는 우리에게도 여전히 중요한 의미를 갖는다. 그 조건은 자극을 처음 수용하는 체계의 과잉 점유를 포함하는 불안 준비 태세의 부재이다. 이러한 낮은 점유 상태로 인해, 체계는 유입되는 흥분량을 효과적으로 결합하지 못하고, 자극 차단의 파괴 결과가 훨씬 쉽게 나타난다. 따라서 우리는 수용 체계의 과잉 점유와 함께하는 불안 준비 태세가 자극 차단의 최후 방어선을 형성한다는 것을 알게 된다. 많은 외상에 있어서, 준비되지 않은 체계와 과잉 점유로 준비된 체계 사이의 차이가 결과를 결정하는 중요한 요소가 될 수 있다. 물론 어느 정도의 외상 강도에 이르면 이러한 차이는 더 이상 중요하지 않을 것이다. 사고 신경증 환자들의 꿈이 그들을 사고 상황으로 규칙적으로 되돌려 보낸다면, 이는 분명 쾌락 원칙의 지배 하에서 그들의 기능이 된 소망 충족이나 환각적 실현에 기여하는 것이 아니다. 그러나 우리는 이러한 꿈들이 쾌락 원칙이 지배를 시작하기 전에 해결되어야 하는 다른 과제에 봉사한다고 가정할 수 있다. 이 꿈들은 불안을 발달시키면서 자극을 극복하려고 하는데, 이 과정의 실패가 외상성 신경증의 원인이 되었던 것이다. 이렇게 이 꿈들은 우리에게 정신 장치의 기능에 대한 통찰을 제공하는데, 이 기능은 쾌락 원칙에 모순되지는 않지만 그것과는 독립적이며, 쾌락 획득과 불쾌 회피의 의도보다 더 원초적인 것으로 보인다.

여기서는 꿈이 소원 충족이라는 명제에 예외를 인정해야 할 지점에 이르렀다. 불안 꿈은 내가 반복적으로 상세히 보여준 바와 같이 예외가 아니며, "징벌 꿈"도 마찬가지다. 후자는 금지된 소원 충족 대신 그에 합당한 벌을 제시하는 것으로, 거부된 충동에 반응하는 죄책감의 소원 충족인 셈이다. 그러나 앞서 언급한, 사고 신경증 환자들의 꿈은 더 이상 소원 충족의 관점에서 이해할 수 없으며, 정신분석에서 나타나는, 우리에게 어린 시절의 정신적 외상 기억을 되살려주는 꿈도 마찬가지다. 이러한 꿈들은 오히려 반복 강박에 따르는데, 분석 과정에서는 잊혀지고 억압된 것을 불러일으키고자 하는—무의식적이지 않은—소망에 의해 지지된다. 따라서 교란적 충동을 소원 충족을 통해 제거함으로써 수면 중단의 동기를 없애는 꿈의 기능도 원래부터 있었던 것이 아니다. 꿈은 정신 생활 전체가 쾌락 원칙의 지배를 받게 된 후에야 비로소 이러한 기능을 획득할 수 있었다. "쾌락 원칙을 넘어서"가 존재한다면, 꿈의 소원 충족적 경향에 앞선 시기를 인정하는 것이 논리적이다. 이는 꿈의 후기 기능과 모순되지 않는다. 이러한 경향이 한번 깨지면, 또 다른 질문이 제기된다: 외상적 인상을 정신적으로 결합하기 위해 반복 강박에 따르는 이러한 꿈들이 분석 밖에서도 가능한가? 이는 확실히 긍정할 수 있다.

"전쟁 신경증"에 관해서는, 이 명칭이 고통의 발생 원인과의 관계 이상을 의미하는 한, 나는 다른 곳에서 이것들이 자아 갈등에 의해 촉진된 외상성 신경증일 수 있다고 설명한 바 있다.† 앞에서 언급했듯이[1*], 외상과 동시에 발생한 심각한 신체적 부상이 신경증 발생 가능성을 감소시킨다는 사실은, 정신분석적 연구에서 강조된 두 가지 관계를 생각한다면 더 이상 이해하기 어렵지 않다. 첫째, 기계적 충격이 성적 흥분의 원천 중 하나로 인정되어야 한다는 점(비교: "그네 타기와 기차 여행의 효과"에 관한 언급[2*], 『성 이론에 관한 세 편의 논문』, 4판, 1920)과 둘째, 고통스럽고 열이 있는 병적 상태가 지속되는 동안 리비도 분배에 강력한 영향을 미친다는 점이다. 따라서 외상의 기계적 폭력은 불안 준비 태세의 부족으로 인해 외상적으로 작용하는 성적 흥분의 양을 방출시키게 되지만, 동시에 발생한 신체적 부상은 고통받는 기관에 대한 자기애적 과잉 점유를 통해 과도한 흥분을 결합시킬 수 있다(참조: "자기애 도입에 관하여", 신경증 이론에 관한 소논문집, 제4집, 1918). 또한 멜랑콜리와 같은 리비도 분배의 심각한 장애가 우연히 발생한, 기질적 질병에 의해 일시적으로 완화될 수 있

---

† 『전쟁 신경증의 정신분석에 관하여. 서론』. 국제 정신분석학 총서, 제1호, 1919년
[1*] 앞 부분에서 "외상과 동시에 발생한 신체적 부상이 오히려 신경증 발생을 감소시킨다"는 임상적 관찰을 제시했고, 여기서는 그 현상에 대한 이론적 설명을 하고 있음
[2*] 기계적 진동이나 충격이 아동기에 성적 흥분을 유발할 수 있다는 이론

다는 것은 알려져 있지만 리비도 이론에서 충분히 활용되지 않았다. 심지어 완전히 발달된 조발성 치매˚ 상태도 같은 조건 하에서 일시적인 퇴행이 가능하다.

˚ 정신분열증의 옛 명칭

제5장 삶의 충동과 죽음의 충동

　자극을 수용하는 피질층이 내부로부터 오는 자극에 대한 자극 방어막의 부재는, 이러한 자극 전달이 더 큰 경제적 중요성을 획득하고 외상성 신경증과 동등한 경제적 장애를 자주 초래하는 결과를 가져올 수밖에 없다. 이러한 내부 자극의 가장 풍부한 원천은 소위 유기체의 충동들인데, 이는 신체 내부에서 발생하여 정신 장치에 전달되는 모든 힘의 작용을 대표하며, 심리학 연구에 있어 가장 중요하면서도 가장 불분명한 요소이다.

　아마도 우리는 충동에서 기인하는 자극들이 결합된 유형이 아니라 자유롭게 움직이며 방출을 시도하는 신경 과정의 유형을 따른다는 가정이 그리 대담하지 않다고 생각할 것이다. 이러한 과정에 대해 우리가 알고 있는 가장 좋은 정보는 꿈 작업에 대한 연구에서 비롯된다. 이 연구에서 우리는 무의식 체계의 과정이 (전)의식적 과정과 근본적으로 다르다는 것을 발견했다. 무의식에서는 점유물이 쉽게 완전히 전이되고, 이동되고, 응축될 수 있는데, 이것이 전의식적 자료에서 그대로 일어난다면 오류만 낳을 것이다. 따라서 전의식적 일상 잔여물이 무의식의 법칙에 따라 처리된 후 현시적 꿈의 특이성이 생겨난다. 나는 무의식에서의 이러한 과정 방식을 우리의 정상적인 깨어있는 생활에 유효한 이차 과정과 구별하여 심리적 "일차 과정"이라고 불렀다. 모든 충동적 자극이 무의식적 체계에 작용하므로, 그것들이 일차 과정을 따른다고 말하는 것은 거의 새로운 것이 아니며, 심리적 일차 과정을 자유롭게 움직이는 점유와, 이차 과정을 브로이어의 결합되거나 긴장된 점유의 변화와 동일시하는 데는 별로 노력이 필요하지 않다.† 그렇다면 정신 장치의 상위 층의 과제는 일차 과정으로 도달하는 충동의 흥분을 결합하는 것이다. 이러한 결합의 실패는 외상성 신경증과 유사한 장애를 초래할 것이다. 결합이 성공적으로 이루어진 후에야 쾌락 원칙의 지배(그리고 현실 원칙으로의 수정)가 방해받지 않고 관철될 수 있다. 그때까지는 정신 장치의 다른 과제, 즉 흥분을 제어하거나 결합하는 일이 우선될 것이다. 이는 쾌락 원칙과 대립되는 것은 아니지만, 그것과

---

† 『꿈의 해석』에서 제7장 꿈 과정의 심리학 부분을 참조할 것.

독립적으로, 또한 부분적으로는 그것을 고려하지 않고 작동한다.

 반복 강박의 표현들, 즉 어린아이의 정신 생활 초기 활동이나 정신분석 치료 과정에서 관찰된 것들은 매우 강한 충동적 특성을 보이며, 쾌락 원칙과 대립될 때는 마치 악마적 성격까지 띤다. 아이들의 놀이에서 우리는 아이가 불쾌한 경험까지도 반복하는 이유를 이해할 수 있는데, 이는 단순히 수동적으로 경험할 때보다 적극적인 활동을 통해 강한 인상을 훨씬 더 철저하게 지배할 수 있기 때문이다. 매번 새로운 반복은 이러한 추구된 지배력을 향상시키는 것 같고, 심지어 즐거운 경험에서도 아이는 반복에 만족하지 못하고 인상의 동일성을 고집한다. 이러한 특성은 나중에 사라지게 된다. 두 번째로 들은 농담은 거의 효과가 없고, 연극 공연은 두 번째로는 결코 처음 남긴 인상에 도달하지 못한다. 심지어 어른은 매우 마음에 들었던 책을 곧바로 다시 읽으려 하지 않는다. 언제나 새로움이 즐거움의 조건이 될 것이다. 그러나 아이는 어른이 지쳐서 거부할 때까지 자신에게 보여주었거나 함께 했던 놀이의 반복을 요구하는 것에 지치지 않는다. 또한 예쁜 이야기를 들려주면 새로운 이야기 대신 계속해서 같은 이야기를 듣고 싶어하고, 반복의 동일성을 완고하게 주장하며, 이야기꾼이 새로운 공로를 세우고자 저지른 모든 변경을 교정한다. 이것은 쾌락 원칙과 모순되지 않는다. 반복, 동일성의 재발견 자체가 쾌락의 원천이 된다는 것은 분명하다. 그러나 분석 대상자에게서는 전이 과정에서 유아기 삶의 사건들을 반복하려는 강박이 모든 면에서 쾌락 원칙을 넘어선다는 것이 분명해진다. 환자는 이 과정에서 완전히 유아적으로 행동하며, 이를 통해 그의 원초적 경험의 억압된 기억 흔적이 결합된 상태로 존재하지 않으며, 어떤 의미에서는 이차 과정의 능력이 없다는 것을 보여준다. 이러한 미결합 상태 덕분에 그들은 일상의 잔여물에 부착함으로써 꿈에서 표현될 소원 환상을 형성할 수 있는 능력을 갖게 된다. 같은 반복 강박이 치료의 마지막 단계에서 의사와의 완전한 분리를 성급히 시도하게 만들어, 치료적 장애로 자주 나타난다. 그리고 분석에 익숙하지 않은 사람들이 느끼는 막연한 두려움, 즉 그들의 의견으로는 차라리 잠들게 두는 것이 나은 것을 깨우는 것을 꺼리는 그 두려움은 근본적으로 이 악마적 강박의 출현을 두려워하는 것이라고 추측할 수 있다.

  그런데 충동적인 것은 반복 강박과 어떻게 연관되어 있는가? 여기서 우리는 아직 명확히 인식되지 않았거나 −적어도 명시적으로 강조되지 않았던− 충동의 일반적 특성, 아마도 모든 유기체적 생명의 보편적 특성의 흔적을 발견했다는 생각이 떠오른다. 즉, 충동이란 생명체에 내재하는 충동으로서, 외부 방해 요인의 영향으로 포기해야 했던 이전 상태를 복원하려는 것이다. 일종의 유기적 탄력성, 또는 원한다면, 유기체적 생명에서의 관성의 표현이라고 할 수 있다.† 이러한 충동 개념은 낯설게 들린다. 우리는 충동에서 변화와 발전으로 밀어붙이는 요소를 보는 데 익숙해져 있는데, 지금은 그 정반대, 즉 생명체의 보수적 본성의 표현을 그 안에서 인식해야 하기 때문이다. 한편으로, 충동의 역사적 조건성을 확인해주는 것처럼 보이는 동물 세계의 예들이 곧바로 떠오른다. 특정 물고기들이 산란기에 평소 서식지에서 멀리 떨어진 특정 수역에 알을 낳기 위해 어려운 여행을 떠날 때, 많은 생물학자들의 해석에 따르면, 그들은 단지 시간이 흐르면서 다른 서식지로 바꾸었던 그들 종의 이전 거주지를 찾아가는 것이다. 같은 것이 철새들의 이동 비행에도 적용된다고 한다. 그러나 더 많은 예를 찾을 필요는 없다. 유전 현상과 발생학의 사실들에서 우리는 유기체적 반복 강박에 대한 가장 훌륭한 증거를 가지고 있다는 것을 곧 깨닫게 된다. 살아 있는 동물의 배아는 최종 형태로 직행하지 않고, 그 종이 거쳐 온 형태들을—비록 간략하더라도—반복한다는 것을 우리는 알고 있다. 이러한 행동은 기계적으로 일부만 설명할 수 있을 뿐, 역사적 설명을 무시할 수 없다. 그리

---

† 이와 유사한 "충동"의 본질에 관한 추측이 이미 여러 번 표명되었을 것이라고 생각한다.

고 마찬가지로, 동물계 전반에 걸쳐 상실된 기관을 그것과 완전히 동일한 새로운 형성물로 대체하는 재생 능력이 널리 확장되어 있다.

모든 충동이 이전 상태를 복원하려 한다는 주장에 대해, 분명 새로운 형태 창조와 진보를 추구하는 다른 충동들도 존재한다는 명백한 반론을 무시할 수는 없다. 이 반론은 이후 우리의 고찰에 포함될 것이다. 그러나 그전에, 모든 충동이 이전 상태를 복원하려 한다는 가정을 그 최종적 결론까지 추적해보는 것도 매력적일 것이다. 이러한 탐구에서 나온 결과가 "심오함"의 외양을 띠거나 신비주의적인 울림을 가질지라도, 우리는 그런 것을 의도적으로 추구했다는 비난으로부터 자유롭다. 우리는 연구의, 또는 그것에 기초한 사고의 냉철한 결과를 추구할 뿐이며, 우리의 바람은 이러한 결과에 확실성이라는 특성 이외의 다른 것을 부여하지 않는 것이다.

따라서 모든 유기체적 충동이 보수적이고, 역사적으로 획득되었으며, 퇴행과 과거의 복원을 지향한다면, 우리는 유기체 발달의 모든 성과를 외부의 방해하고 전환시키는 영향들의 결과로 보아야 한다. 원초적 생명체는 처음부터 변화하기를 원하지 않았을 것이며, 동일한 환경 조건 하에서는 항상 똑같은 생활 과정만을 반복했을 것이다. 그러나 궁극적으로는 지구의 발달 역사와, 지구와 태양의 관계가 유기체 발달에 그 흔적을 남긴 것이라고 보아야 할 것이다. 보수적인 유기체 충동들은 이렇게 강제된 생활 과정의 모든 변화를 수용하고 반복을 위해 저장해왔으며, 그래서 변화와 진보를 추구하는 힘이라는 착각을 주지만, 사실은 단지 옛 목표를 옛 길과 새 길을 통해 달성하려고 노력할 뿐이다. 이러한 모든 유기적 노력의 최종 목표도 제시할 수 있다. 만약 생명의 목표가 이전에 결코 도달한 적 없는 상태라면, 이는 충동의 보수적 본성과 모순될 것이다. 오히려 그것은 반드시 오래된, 출발점의 상태여야 하며, 생명체가 한때 떠났다가 발달의 모든 우회로를 거쳐 다시 돌아가려고 하는 상태일 것이다. 모든 생명체가 내적 이유로 죽고 무기물 상태로 돌아간다는 것을 예외 없는 경험으로 받아들인다면, 우리는 다음과 같이 말할 수밖에 없다: 모든 생명의.목표는 죽음이며, 거슬러 올라가면: 무생물이 생명체보다 먼저 존재했다.

어느 순간 무생물 물질 안에서 아직 상상조차 할 수 없는 힘의 작용을 통해 생명의 속성이 깨어났다. 아마도 이는 나중에 생명체의 특정 층에서 의식이 생겨나게 한 다른 과정과 유사한 모범적 과정이었을 것이다. 이전에 무생물이었던 물질에 생겨난 긴장은 균형을 이루려고 했다. 이것이 최초의 충동이었고, 그 목표는 무생물 상태로 돌아가는 것이었다. 그 당시 살아있던 물질은 죽음을 쉽게 맞이했을 것이며, 생명의 화학적 구조에 의해 방향이 결정된 짧은 생명의 여정만을 거쳤을 가능성이 크다. 오랜 시간 동안, 살아있는 물질은 계속해서 새롭게 창조되고 쉽게 소멸했을 것이다. 그러다가 결정적인 외부 영향이 변화하면서, 아직 살아남은 물질이 본래의 생명 경로에서 점점 더 큰 편향을 겪고, 죽음이라는 목표에 도달하기 위해 점점 더 복잡한 우회로를 거치도록 강요했을 것이다. 보수적인 충동들에 의해 충실히 유지된 이러한 죽음을 향한 우회로들이 오늘날 생명 현상의 모습으로 우리에게 보여진다. 충동의 전적으로 보수적인 본성을 고수한다면, 생명의 기원과 목적에 대한 다른 추측에 도달할 수 없다.

  이러한 추론만큼이나 기이하게 들리는 것은, 우리가 생명체의 생명 현상 뒤에 상정하는 큰 충동 집단들에 대해 도출되는 결론이다. 우리가 모든 생명체에게 부여하는 자기보존 충동의 가정은, 모든 충동적 삶이 죽음을 향해 나아간다는 전제와 이상한 대조를 이룬다. 이러한 관점에서 보면, 자기보존, 권력, 지배 충동의 이론적 중요성은 축소된다. 이들은 단지 부분 충동에 불과하며, 생명체의 고유한 죽음의 길을 확보하고 내재된 방식 외의 다른 무기물로 돌아가는 가능성을 차단하도록 설계되었다. 그러나 생명체가 온 세상에 맞서 자신을 유지하려는 수수께끼 같고 어떤 맥락에도 맞지 않는 노력은 더 이상 고려할 필요가 없어진다. 생명체는 단지 자신만의 방식으로 죽기를 원한다는 결론만 남는다. 이런 생명의 수호자들조차도 원래는 죽음의 수행원이었던 것이다. 이로써 역설적인 상황이 발생한다. 살아있는 생명체는 자신의 생명 목표를 단기간에 (일종의 단락회로를 통해) 달성하도록 도울 수 있는 영향(위험)에 가장 강력하게 저항한다. 그러나 이러한 행동은 정확히 지적인 추구와 대조되는 순수하게 충동적인 행동의 특징을 보여준다.†

그런데 다시 생각해보면, 이러한 추론은 옳지 않다! 신경증 이론이 특별한 위치를 부여한 성적 충동은 완전히 다른 관점에서 이해해야 한다. 모든 유기체가 더 발전된 형태로 나아가도록 강요하는 외부 압력에 굴복한 것은 아니다. 많은 유기체들은 낮은 발달 단계에 머물면서도 현재까지 생존하는 데 성공했다. 오늘날에도 모든 것은 아닐지라도 고등 동물과 식물의 초기 단계와 유사한 많은 생명체들이 여전히 존재한다. 마찬가지로, 고등 생명체의 복잡한 신체를 구성하는 모든 기본 유기체가 자연사에 이르는 전체 발달 과정을 거치는 것은 아니다. 이들 중 일부, 즉 생식세포는 아마도 생명 물질의 원래 구조를 보존하며, 모든 유전적 그리고 새롭게 획득한 충동적

---

† 그러나 자기 보존 충동의 이러한 극단적 견해에 대해 뒤에서 수정이 더 이어질 것을 참조하라.

성향을 지닌 채 일정 시간 후 전체 유기체로부터 분리된다. 아마도 바로 이러한 두 가지 특성이 그들에게 독립적 존재를 가능하게 하는 것일 수도 있다. 이들은 유리한 조건에 놓이면 발달하기 시작하는데, 이는 자신의 기원이 된 과정을 반복하는 것이며, 결국 이들 물질의 일부는 발달을 끝까지 계속하는 반면, 다른 부분은 새로운 생식 잔여물로서 다시 발달의 시작점으로 돌아간다. 이렇게 생식세포들은 살아있는 물질의 죽음에 대항하여 작용하며, 우리에게 잠재적 불멸로 보이는 것을 획득한다. 비록 이것이 단지 죽음으로 가는 길을 연장하는 것에 불과할지라도 말이다. 가장 중요한 사실은 생식세포가 이러한 과업을 수행하기 위해 자신과 유사하면서도 다른 세포와 융합함으로써 강화되거나 아예 그런 능력을 부여받는다는 점이다.

개체를 초월하여 생존하는 이러한 기본 유기체들의 운명을 돌보고, 그들이 외부 세계의 자극에 대해 무방비 상태일 때 안전한 보호를 제공하며, 다른 생식세포와의 만남을 주선하는 등의 충동들이 성적 충동의 집단을 형성한다. 이들은 다른 충동들과 마찬가지로 보수적인데, 생명 물질의 이전 상태를 회복시킨다는 점에서 그러하다. 그러나 이들은 외부 영향에 특별히 저항력이 강하다는 점에서 더욱 보수적이며, 나아가 생명 자체를 더 오랜 기간 유지한다는 점에서도 그러하다. 이들이야말로 진정한 생명 충동이다. 기능을 통해 죽음으로 향하는 다른 충동들의 의도에 역행함으로써, 이들과 다른 충동들 사이에 대립이 드러나는데, 이는 신경증 이론이 중요하게 인식한 바이다. 이는 마치 유기체 생명의 주저하는 리듬과 같다. 한 충동 집단은 생명의 최종 목표에 가능한 한 빨리 도달하기 위해 앞으로 돌진하고, 다른 집단은 이 경로의 특정 지점에서 뒤로 물러나 특정 지점부터 다시 시작하여 그 여정의 지속 시간을 연장한다. 비록 성욕과 성별의 차이가 생명의 시작에는 분명히 존재하지 않았을지라도, 후에 성적이라고 불리게 될 충동들이 처음부터 활동했을 가능성이 있으며, "자아 충동들"의 작용에 대한 그들의 대항 작업이 단지 후기에 시작된 것이 아닐 수도 있다.

이제 우리 스스로 조금 되돌아가서 이러한 모든 사변이 근거가 없는 것은 아닌지 물어보자. 성적 충동들을 제외하고, 정말로 이전 상태를 복원하려는 충동들 외에 아직 도달하지 못한 상태를 추구하는 다른 충동은 없는 것일까? 나는 유기체 세계에서 우리가 제안한 특성에 모순되는 확실한 예를 알지 못한다. 동식물계에서 높은 발달을 향한 일반적 충동을 확실히 확인할 수는 없지만, 그러한 발달 방향이 실제로 부정할 수 없이 존재하는 것은 사실이다. 그러나 한편으로는 우리가 어떤 발달 단계를 다른 것보다 더 높다고 선언하는 것은 대개 우리의 평가 문제일 뿐이며, 다른 한편으로는 생명 과학이 보여주듯이 한 측면에서의 더 높은 발달은 매우 자주 다른 측면에서의 퇴행을 통해 얻어지거나 상쇄된다. 또한 그들의 유년기 상태가 발달이 오히려 퇴행적 성격을 띠었음을 보여주는 많은 동물 형태들이 있다. 더 높은 발달과 퇴행 모두 적응을 강요하는 외부 힘의 결과일 수 있으며, 두 경우 모두에서 충동의 역할은 강제된 변화를 내적 쾌락 원천으로 고정시키는 것에 국한될 수 있다.†

우리 중 많은 사람들이 인간 내부에 완벽을 향한 충동이 존재한다는 믿음을 포기하기 어려울 것이다. 이 충동이 인간을 현재의 정신적 성취와 윤리적 승화의 높이에 올려놓았고, 앞으로도 초인übermensch으로의 발전을 이룰 것이라고 기대하게 만든다. 그러나 나는 그런 내적 충동의 존재를 믿지 않으며, 이러한 위안이 되는 환상을 보존할 방법도 보지 못한다. 지금까지의 인간 발달은 동물의 발달과 다른 설명을 필요로 하지 않는 것 같다. 소수의 인간 개체에서 관찰되는 끊임없는 개선을 향한 충동은 충동 억압의 결과로 쉽게 이해할 수 있다. 인간 문

---

† 페렌치*(Sándor Ferenczi, 1873-1933, 헝가리 정신분석가, 프로이트의 핵심 제자, 능동적 치료 기법 개발)는 다른 방식으로 동일한 견해에 도달했다(『현실감각의 발달 단계』, 국제 정신분석 저널, I, 1913): "이러한 사고방식을 일관되게 추진해 나가면, 유기체적 생명을 지배하는 지속 경향 또는 퇴행 경향이라는 관념에 익숙해져야 하는 반면, 발전, 적응 등의 경향은 오직 외부 자극에 의해서만 생기게 된다." (137쪽)

화에서 가장 가치 있는 것들이 바로 이 억압 위에 세워져 있다. 억압된 충동은 원초적 만족의 반복으로 이루어질 '완전한 만족'을 결코 포기하지 않는다. 모든 대체물, 반동 형성, 승화는 그 지속적인 긴장을 해소하기에 불충분하며, 찾아낸 만족과 요구되는 만족 사이의 차이에서 추진력이 생겨난다. 이 추진력은 어떤 상황에서도 머물러 있지 않고, 시인의 말처럼 "억제되지 않고 항상 앞으로 나아간다"(파우스트 1부, 서재에서의 메피스토)*. 완전한 만족을 향한 뒤로 가는 길은 일반적으로 억압을 유지하는 저항에 의해 막혀 있기 때문에, 다른 아직 자유로운 발전 방향으로 나아가는 것 외에는 선택의 여지가 없다. 그러나 이는 과정을 완료하고 목표에 도달할 가능성 없이 이루어진다. 신경증적 공포증 형성 과정(이는 충동적 만족으로부터의 도피 시도에 불과하다)은 이 겉보기에 "완벽을 향한 충동"이 생겨나는 모델을 제공한다. 우리는 이것을 모든 인간 개체에게 귀속시킬 수는 없다. 이에 대한 역동적 조건들은 보편적으로 존재하지만, 경제적 관계는 이 현상이 드문 경우에만 나타나도록 하는 것 같다.

---

* 괴테의 『파우스트』 1부에서 메피스토펠레스가 한 대사. "억제되지 않고 항상 앞으로 나아간다"는 인간의 끝없는 욕망을 표현

제6장 임상적 적용
: 충동 이론의 확장

    우리의 지금까지의 결론은 '자아 충동'과 '성적 충동'의 명확한 대립, 즉 전자는 죽음을, 후자는 생명 유지를 지향한다는 것인데, 이런 구도는 여러 면에서 만족스럽지 않다. 게다가 실제로는 전자(자아 충동)에 대해서만, 보수적—더 정확히는 퇴행적—이며 반복강박에 상응하는 충동의 성격을 주장할 수 있었다. 우리의 가정에 따르면, 자아 충동은 무생물의 '생명화'에서 기원했으며, 다시 무생물 상태로 복귀시키려 한다. 반면 성적 충동은—분명히 생명체의 원시적 상태를 재현하지만— 그들이 모든 수단을 동원해 추구하는 목표는 특정 방식으로 분화된 두 생식세포의 융합이다. 이 결합이 이루어지지 않으면, 생식세포는 다세포 유기체의 다른 모든 요소들처럼 죽는다. 오직 이 조건 하에서만 성적 기능은 생명을 연장하고 불멸의 환상을 부여할 수 있다. 그러나 생명 물질의 발달 과정에서 성적 생식이나 그 선구자인 원생생물 사이의 접합을 통해 어떤 중요한 사건이 반복되는 것일까? 우리는 이에 대해 말할 수 없으며, 따라서 우리의 전체 사고 구조가 오류로 판명된다면 오히려 안도감을 느낄 것이다. 자아(죽음) 본능과 성적(생명) 본능 사이의 대립은 사라질 것이고, 그에 따라 반복 강박도 그에 부여된 의미를 잃게 될 것이다.

그러므로 우리가 앞서 말한 가정으로 돌아가보자. 이 가정은 정확하게 반박될 수 있을 것이라는 기대와 함께 말이다. 우리는 모든 생명체가 내적 원인으로 죽어야 한다는 전제를 바탕으로 더 많은 결론을 도출했다. 우리는 이 가정이 당연한 것처럼 보였기에 별 생각 없이 받아들였다. 우리는 그렇게 생각하는 데 익숙하고, 시인들도 우리의 이런 생각을 강화한다. 아마도 우리는 이 믿음에 위안이 있기 때문에 그것을 선택했을 것이다. 자신이 죽어야 하고 사랑하는 사람들을 먼저 잃어야 한다면, 피할 수도 있었을 우연한 사고보다는 차라리 냉혹한 자연 법칙, 고귀한 필연에 굴복하는 편이 낫다고 생각하는 것이다. 하지만 죽음의 내적 법칙성에 대한 이러한 믿음도 아마 우리가 "존재의 무게를 견디기 위해" 만들어낸 환상 중 하나일 수 있다. 이것은 확실히 원래부터 있었던 생각은 아니다. 원시 민족들에게 "자연사"라는 개념은 생소하다. 그들은 자기들 중 누군가의 죽음을 항상 적이나 악령의 영향으로 돌린다.

그러므로 우리는 이러한 믿음을 검증하기 위해 생물학적 과학에 의지하는 것을 주저하지 말아야 한다.

이렇게 접근해보면, 자연사 문제에 관해서 생물학자들 사이에 얼마나 합의가 적은지, 심지어 죽음이라는 개념 자체가 그들 손에서 어떻게 흐려지는지 깨닫고 놀라게 된다. 적어도 고등 동물에서 특정한 평균 수명이 존재한다는 사실은 내적 원인에 의한 죽음을 지지하는 듯하지만, 일부 큰 동물과 거대한 나무들이 매우 오래, 심지어 아직 추정할 수 없을 정도로 장수한다는 사실은 이러한 인상을 다시 무효화한다. W. 플리스[1*]의 위대한 구상에 따르면, 모든 생명 현상(그리고 확실히 죽음도 마찬가지)은 특정한 기간의 완성과 연결되어 있는데, 이는 남성적인 것과 여성적인 두 생명 물질의 태양년에 대한 의존성이 표현된 것이다.[2*] 그러나 외부 힘의 영향이 얼마나 쉽게, 또한 어느 정도까지 특히 식물계의 생명 활동을 시간적으로 변화시켜 앞당기거나 지연시킬 수 있는지에 대한 관찰은 플리스

1* Wilhelm Fließ, 1858-1928, 독일 이비인후과 의사, 프로이트의 친구이자 초기 정신분석 이론 발전에 영향을 준 인물. 생물학적 주기 이론(23일 남성 주기, 28일 여성 주기)과 생체 리듬 연구로 알려짐

2* 플리스는 모든 생명체에 남성적 주기(23일)와 여성적 주기(28일)가 동시에 작용한다고 주장했으며, 이러한 주기가 생명 현상, 질병, 죽음의 시기를 결정한다고 보았다. 이 이론은 현대 과학에서는 받아들여지지 않는다

의 '공식'이 지나치게 경직되어 있음을 시사하며, 적어도 그 법칙의 절대적 지배에는 의문을 던진다.

우리에게 가장 큰 관심을 끄는 것은 A. 바이스만*의 연구에서 생물의 수명과 죽음이라는 주제가 다루어진 방식이다.[1†] 그는 생명물질을 '죽을 수밖에 없는 부분'과 '잠재적으로 불멸인 부분'으로 구분했다. 죽을 수밖에 없는 부분은 좁은 의미에서의 몸체, 즉 체세포로, 오직 이 부분만이 자연사의 대상이 된다. 반면 생식세포는 잠재적으로 불멸인데, 특정 유리한 조건 하에서 새로운 개체로 발달할 수 있거나, 다르게 표현하면, 자신을 새로운 체세포로 둘러싸게 할 수 있기 때문이다.[2†]

흥미로운 점은 전혀 다른 경로에서 발전했음에도 우리의 견해와 예기치 않게 유사하다는 사실이다. 생명 물질을 형태학적으로 바라본 바이스만은 죽음에 예정된 구성요소인 체세포—성적, 유전적 물질을 제외한 신체—와 불멸의 요소인 생식질—종의 보존과 번식에 기여하는—을 구분했다. 우리는 생명

---

* August Weismann, 1834-1914, 독일의 진화생물학자, 생식질 이론의 창시자. 유전물질(생식질)과 신체조직(체질)을 구별하고, 획득형질의 유전을 부정하여 다윈의 진화론을 발전시켰다

1† 『생명의 지속에 관하여』1882;『생명과 죽음에 관하여』1892;『생식질론』1892, 기타

2† 『생명과 죽음에 관하여』, 제2판, 1892, 20페이지

물질 자체가 아니라 그 안에서 작용하는 힘들에 초점을 맞추었고, 그 결과 두 종류의 본능을 구분하게 되었다. 하나는 생명을 죽음으로 이끌려는 본능이고, 다른 하나는 성적 본능으로, 항상 생명의 갱신을 추구하고 실현한다. 이는 마치 바이스만의 형태학적 이론에 대한 역학적 결론처럼 들린다.

중요한 일치처럼 보이던 것은 죽음의 문제에 대한 바이스만의 결론을 살펴보면 곧 사라진다. 바이스만은 죽어야 할 체세포와 불멸의 생식질의 구분이 다세포 유기체에서만 적용된다고 보았으며, 단세포 동물에서는 개체와 생식세포가 하나이자 동일한 것이기 때문이다.[1] 따라서 그는 단세포 생물을 잠재적으로 불멸이라고 선언하고, 죽음은 메타조아, 즉 다세포 생물에서만 나타난다고 본다. 그러나 이러한 고등 생물의 죽음이 자연적이고 내적 원인에 의한 것이긴 하지만, 그것은 생명 물질의 근본적 특성에 기반한 것이 아니며,[2] 생명의 본질에 내재된 절대적 필연성으로 간주될 수 없다.[3] 오히려 죽음은 합목적적 장치이며, 외부 생존 조건에 대한 적응 현상이다. 왜냐하면 체세포가 체성세포와 생식질로 분리된 이후부터는

---

[1] 『생명의 지속』, 38페이지
[2] 『생명과 죽음』, 제2판, 67페이지
[3] 『생명의 지속』, 33페이지

개체의 무제한적 수명이 완전히 비합목적적인 사치가 되었기 때문이다. 다세포 생물에서 이러한 분화가 시작되면서 죽음은 가능해졌고 합목적적이 되었다. 그 이후로 고등 생물의 체세포는 내적 이유로 정해진 시간에 죽어가지만, 원생생물은 불멸로 남았다. 한편 생식은 죽음과 동시에 생겨난 것이 아니라 성장과 마찬가지로 생명물질의 근본 성질이며, 생명은 지구상에서 시작된 이래 연속성을 유지해왔다.[†]

생리학적 원인으로 인한 고등 유기체의 자연사를 인정한다고 해도 우리의 목적에 크게 도움이 되지 않는다는 점은 쉽게 이해할 수 있다. 만약 죽음이 생명체의 후기 획득물이라면, 지구상 생명의 시작부터 유래했다는 죽음 본능들은 더 이상 고려할 가치가 없게 된다. 다세포 생물은 그들의 분화 과정의 결함이나 신진대사의 불완전함 같은 내적 요인으로 죽을 수도 있지만, 이는 우리가 탐구하는 문제와는 관련이 없다. 이러한 죽음에 대한 개념과 설명은 분명 "죽음 본능[*]"이라는 낯선 가정보다 인간의 일반적 사고방식에 훨씬 더 가깝다.

바이스만의 주장에 이어진 논쟁은 내 판단으로는 어떤 방향

[†] 『생명과 죽음』, 결론 부분
[*] 죽음충동 (Todestrieb, death drive)

으로도 결정적인 결과를 내지 못했다.†1*

일부 학자들은 괴테Goette의 1883년 관점으로 돌아갔는데, 그는 죽음을 생식의 직접적인 결과로 보았다. 하르트만Hartmann은 죽음을 "시체", 즉 생명 물질의 죽은 부분의 출현으로 특징짓지 않고, "개체 발달의 종결"로 정의했다. 이런 의미에서 원생생물도 죽음을 겪는다. 그들에게 죽음은 항상 생식과 함께 일어나지만, 부모 개체의 전체 물질이 직접 자손 개체들에게 전달될 수 있기 때문에 죽음이 어느 정도 가려진다(같은 책, 29쪽).

연구의 관심은 곧 단세포 생물에서 생명 물질의 불멸성을 실험적으로 증명하는 데 집중되었다. 미국인 우드러프Woodruff는 섬모로 덮인 한 종류의 원생동물인 "짚신벌레2*"를 배양했다. 이 생물은 두 개체로 분열하여 번식하는데, 우드러프는 매번 분열 산물 중 하나를 분리하여 신선한 물에 넣어 3029세대

---

† 막스 하르트만, 『죽음과 재생산』, 1906; 알렉스. 립슈츠, 『우리는 왜 죽는가』, 코스모스 도서, 1914; 프란츠 도플라인, 『식물과 동물에서의 죽음과 불멸의 문제』, 1919 참조.
1* 막스 하르트만 (Max Hartmann, 1876-1962): 독일 동물학자, 원생생물 연구자. 바이스만의 생식질 이론에 대한 비판적 검토를 수행. 알렉스. 립슈츠 (Alexander Lipschütz, 1883-1980): 러시아 태생 생리학자, 내분비학자. 노화와 죽음의 생리학적 메커니즘 연구. 프란츠 도플라인 (Franz Doflein, 1873-1924): 독일 동물학자, 기생충학자. 생물학적 죽음과 불멸 문제를 비교생물학적 관점에서 탐구.
2* 매개충, 파라메시움

까지 관찰한 후 실험을 중단했다. 첫 번째 매개충의 이 후기 후손은 조상과 마찬가지로 생기가 넘쳤고, 노화나 퇴화의 징후가 전혀 없었다. 따라서 이러한 수치가 이미 증거력을 갖는다면, 원생생물의 불멸성은 실험적으로 입증될 수 있는 것처럼 보였다.†

다른 연구자들은 이와 다른 결론에 도달했다. 마우파스 Maupas, 칼킨스 Calkins 등은 우드러프와 달리, 이러한 섬모충들도 일정 횟수의 분열 후에는 약해지고, 크기가 줄어들며, 그들 구조의 일부를 잃고, 결국 특정한 회복 효과를 경험하지 않으면 죽는다는 것을 발견했다. 따라서 원생생물도 고등 동물과 마찬가지로 노화 단계를 거쳐 결국 죽는다는 것이다. 이는 죽음을 생명체의 후기 획득물로 인정한 바이스만의 주장과 명백히 모순된다.*

이 연구들의 맥락에서 우리는 확고한 근거를 제공하는 것으로 보이는 두 가지 사실을 강조하고자 한다. 첫째, 이 작은 생

---

† 이와 다음 내용에 대해서는 립슈츠의 전게서 26쪽 및 52쪽 이하를 참조
* 마우파스 (Émile Maupas, 1842-1916): 프랑스 동물학자. 섬모충의 접합(유성생식) 연구를 통해 단세포 생물도 분열만으로는 무한히 살 수 없으며 '회춘' 과정이 필요하다는 것을 발견. 칼킨스 (Gary Nathan Calkins, 1869-1943): 미국 동물학자, 원생생물학자. 단세포 생물의 노화와 죽음을 연구하여 마우파스의 발견을 확장. 우드러프 (Lorande Loss Woodruff, 1879-1947): 미국 동물학자. 섬모충 실험에서 접합 없이도 수천 세대 분열이 가능함을 보여 마우파스-칼킨스와 반대 결론 제시.

물들이 아직 노화 변화를 보이지 않는 시점에서 서로 쌍으로 융합하여 "접합"할 수 있을 때(그 후에 그들은 얼마 지나 다시 분리된다), 그들은 노화로부터 벗어나고 "젊어진다". 이러한 접합은 분명히 고등 생물의 성적 생식의 선구자인데, 아직 번식과는 관련이 없으며, 두 개체의 물질을 혼합하는 것에 국한된다(바이스만의 암피믹시스*). 접합의 활성화 효과는 특정 자극제, 영양액 구성의 변화, 온도 상승 또는 진동과 같은 요소로 대체될 수도 있다. 이는 J. 뢰브의 유명한 실험을 떠올리게 하는데, 그는 특정 화학적 자극을 통해 보통 수정 이후에만 나타나는 분열 과정을 성게 알에게 강제했다.

둘째, 섬모충들이 자신의 생명 과정을 통해 자연사에 이르게 된다는 것은 상당히 가능성이 높다. 우드러프와 다른 연구자들 사이의 결과 차이는 우드러프가 매 세대마다 새로운 영양액으로 옮겼기 때문이다. 그가 이 과정을 생략했을 때는 다른 연구자들과 마찬가지로 동일한 세대별 노화 변화를 관찰했다. 그는 이 작은 생물들이 자신이 배출해 주변에 축적된 대사 산물에 의해 손상된다고 결론지었고, 오직 자기 자신의 신진대사 산물만이 세대의 죽음을 초래하는 영향을 미친다는 사실

---

* 유전물질의 혼합

을 설득력 있게 증명했다. 실제로 멀리 떨어진 종류의 배설물로 과포화된 용액에서는 동일한 생물이 아주 잘 번성한 반면, 자신의 영양액에 축적되면 확실히 죽음에 이르렀다. 그러므로 섬모충은 방치되면 자신의 신진대사 산물을 제거하는 능력의 불완전함 때문에 자연사하게 된다. 하지만 아마도 모든 고등 동물도 근본적으로는 같은 무능력 때문에 죽는 것일지도 모른다.

죽음에 관한 자연적 물음의 해답을 원생생물 연구에서 찾으려 한 것이 과연 유용했는지 의심이 들 수 있다. 이 생명체들의 원시적 구조는 그들에게도 존재하지만 고등 동물에서야 비로소 형태학적 표현을 얻어 인식될 수 있는 중요한 관계를 우리에게 가려줄 수 있다. 형태학적 관점을 버리고 역학적 관점을 취한다면, 원생생물의 자연사가 입증될 수 있는지 여부는 사실상 우리에게 중요하지 않다. 이들에게서는 후에 불멸로 인정된 물질이 죽어야 할 물질과 아직 어떤 방식으로도 분리되지 않았다. 생명을 죽음으로 이끌려는 본능적 힘들이 처음부터 그들 안에서도 작용할 수 있었을 것이다. 그러나 그 효과는 생명을 유지하는 힘들에 의해 가려져, 직접적인 증명이 매우 어려울 수 있다. 물론 우리는 생물학자들의 관찰이 원생생물에게도 이러한 죽음으로 이끄는 내적 과정을 가정할 수 있게 해준다는 것을 들었다. 그러나 설령 원생생물이 바이스만이 말한 의미에서 불멸로 판명된다 해도, 그의 주장 즉 죽음이 후기에 획득된 것이라는 주장은 단지 죽음의 명백한 표현에만 적용될 뿐, 죽음을 향해 나아가는 과정에 대한 가정을 불가능하게 하지는 않는다. 생물학이 죽음 충동의 가능성을 완전히 제거해줄 것이라는 기대는 충족되지 않았다. 우리는 다른 근거가 있다면 죽음 본능의 가능성을 계속 탐구할 수 있다. 그러나 체세포와 생식질에 대한 바이스만의 구분과 우리가 죽음 본능과 생명 본능을 구분한 것 사이의 놀라운 유사성은 여전히 존재하며, 다시 그 가치를 인정받게 된다.

잠시 이러한 뚜렷한 이원론적 본능 이해를 살펴보자. E. 헤링[1*]의 생명 물질 과정 이론에 따르면, 생명물질에서는 상반된 두 과정이 끊임없이 진행된다. 하나는 구성적(동화작용[2*])이고 다른 하나는 분해적(이화작용[3*])이다. 우리는 과연 이 두 생명 과정의 방향에서 우리가 말하는 두 충동—생명 충동과 죽음 충동—의 활동을 읽어낼 수 있을까? 그러나 또 다른 점을 인정하지 않을 수 없는데, 우리가 어느새 쇼펜하우어의 철학 항구

1* 에발트 헤링 (Ewald Hering, 1834-1918): 독일 생리학자. 색채 시각 이론으로 유명하며, 생명 과정을 구성(동화)과 분해(이화)라는 상반된 두 과정으로 설명하는 이론을 제시. 프로이트의 에로스/타나토스 이원론에 생리학적 근거를 제공.
2* 생명체가 외부 물질을 흡수하여 자신의 구조를 만들어내는 구성적 과정
3* 생명체의 복잡한 물질이 분해되어 에너지를 방출하는 파괴적 과정

에 들어서게 되었다는 사실이다. 그에게 죽음은 "삶의 진정한 결과"이며, 그런 의미에서 삶의 목적이고[†] 성적 본능은 삶에 대한 의지의 구현인 것이다.

좀 더 과감하게 한 걸음 더 나아가 보자. 일반적인 견해에 따르면, 다수의 세포가 생명체로 결합하는 것, 즉 다세포 유기체의 형성은 생명 기간을 연장하기 위한 수단이 되었다. 한 세포는 다른 세포의 생명을 유지하는 데 도움을 주고, 개별 세포들이 죽어야 할지라도 세포 집단은 계속 생존할 수 있다. 우리는 이미 접합, 즉 두 단세포 생물의 일시적 융합이 두 생물체 모두에게 생명 유지와 회춘 효과가 있다는 것을 알고 있다. 따라서 정신분석에서 얻은 리비도 이론을 세포들 간의 관계에 적용해 볼 수 있을 것이다. 각 세포 내에서 활동하는 생명 또는 성적 본능이 다른 세포들을 대상으로 삼아, 그들의 죽음 본능, 즉 그들이 촉진하는 죽음으로 향하는 과정을 부분적으로 중화시켜 생명을 유지하게 한다고 상상해볼 수 있다. 동시에 다른 세포들은 그들을 위해 같은 일을 하고, 또 다른 세포들은 이러한 리비도적 기능을 수행하면서 스스로를 희생한다. 생식세포 자체는 절대적으로 "자기애적"으로 행동할 것이다. 이는 신경증

[†] 『개인의 운명에서 보이는 겉보기의 의도성에 관하여』, 대공 빌헬름 에른스트판, 제4권, 268쪽

이론에서 우리가 사용하는 용어로, 개체 전체가 자아에 리비도를 간직한 채 대상 집중에 아무것도 쓰지 않는 상태를 말한다. 생식세포는 자신의 리비도, 즉 생명 본능의 활동을 나중의 대규모 구축 활동을 위한 저장소로서 자신을 위해 필요로 한다. 아마도 우리는 유기체를 파괴하는 악성 신생물의 세포들도 같은 의미에서 자기애적이라고 설명할 수 있을 것이다. 병리학은 이미 이러한 세포들의 씨앗이 선천적이며 배아적 특성을 지니고 있다고 인정할 준비가 되어 있다. 이렇게 우리 성적 본능의 리비도는 모든 생명체를 하나로 묶는 시인들과 철학자들의 에로스*와 일치하게 될 것이다.

이 시점에서 우리 리비도 이론의 느린 발전 과정을 살펴보는 것이 좋겠다. 전이성 신경증에 대한 분석은 우리로 하여금 대상을 향한 "성적 충동"과 우리가 아직 매우 불충분하게 이해하고 일단 "자아 충동"으로 명명한 다른 본능들 사이의 대립을 인정하게 만들었다. 후자 중에서 개인의 자기 보존에 기여하는 본능들이 가장 먼저 인정되어야 했다. 그 외에 어떤 구분이 가능한지는 알 수 없었다. 올바른 심리학 정립을 위해 본

---

*   그리스 신화의 사랑의 신. 프로이트는 이를 삶의 충동, 사랑과 생존을 추구하는 충동의 개념으로 발전시켜, 결합·창조·보존을 추구하는 모든 생명력을 포괄하는 용어로 사용했다. 죽음충동(타나토스)과 대립하는 프로이트 후기 이원론의 핵심 개념.

능의 공통적 특성과 가능한 특수성에 대한 대략적인 통찰보다 더 중요한 지식은 없었을 것이다. 그러나 심리학의 어떤 영역에서도 이 분야만큼 어둠 속을 더듬거린 적은 없었다. 모든 사람이 자신의 취향대로 얼마든지 많은 본능이나 "기본 본능"을 설정하고, 마치 고대 그리스 자연철학자들이 물, 흙, 불, 공기라는 네 가지 원소로 작업했듯이 그것들을 가지고 작업했다. 어떤 식으로든 본능에 관한 가정 없이는 진행할 수 없었던 정신분석학은 우선 "배고픔과 사랑"이라는 말로 대표되는 대중적인 본능 구분을 따랐다. 이는 적어도 새로운 독단적 행위는 아니었다. 이러한 구분으로 정신신경증의 분석에서 상당히 멀리 나아갈 수 있었다. "성욕"의 개념, 그리고 그에 따른 성적 본능의 개념은 물론 확장되어야 했고, 생식 기능에 속하지 않는 많은 것들을 포함하게 되었다. 이에 관해서는 엄격하고 고상하거나 단순히 위선적인 세계에서 충분한 소란이 있었다.

다음 단계는 정신분석이 심리학적 자아에 더 가까이 접근하게 되었을 때 이루어졌다. 이 자아는 처음에는 억압하고, 검열하며, 방어 구조와 반동 형성을 구축할 수 있는 기관으로만 알려져 있었다. 비판적이고 통찰력 있는 사상가들은 이미 오래전부터 리비도 개념이 대상을 향한 성적 본능의 에너지로만 제한되는 것에 이의를 제기했다. 그러나 그들은 자신들의 이러한 더 나은 통찰이 어디서 왔는지 설명하지 않았고, 이로부터 분석에 유용한 무언가를 도출해내지도 못했다. 더 신중하게 진행되는 가운데, 정신분석적 관찰은 얼마나 규칙적으로 리비도가 대상으로부터 철수되어 자아에게 향하는지(내향화)에 주목했고, 아이의 리비도 발달을 그 초기 단계에서 연구함으로써, 자아가 리비도의 진정하고 근원적인 저장소이며, 여기서부터 대상으로 확장된다는 통찰에 도달했다. 자아는 성적 대상들 중 하나가 되었고, 그중에서도 가장 중요한 것으로 인식되었다. 리비도가 이렇게 자아 내에 머물 때, 이를 나르시시즘적이라고 불렀다.[†] 이 나르시시즘적 리비도는 당연히 분석적 의미에서 성적 본능의 힘의 표현이었고, 처음부터 인정되어 온 "자기 보존 본능"과 동일시해야 했다. 따라서 '자아 충동' 대 '성적 충동'이라는 원래의 대립 구도는 불충분한 것으로 드러났다. 자아 본능의 일부는 리비도적인 것으로 인식되었다; 자아 안에는 —다른 본능들과 함께— 성적 본능도 작용하고 있었다. 그러나 정신신경증이 자아 본능과 성적 본능 사이의 갈등에 기초한다는 오래된 공식에는 오늘날에도 버릴 것이 없다고 말할 수 있다. 본래 어떤 식으로든 질적인 것으로 여겨졌던 두 본능 유형 간의 차이는 이제 다르게, 즉 위상학적으

[†] 『나르시시즘 도입에 관하여』. 정신분석학 연감, 제6권, 1914년, 그리고 신경증 이론에 관한 소논문 모음집, 제4집, 1918년.

로 결정되어야 한다. 특히 전이성 신경증, 정신분석의 진정한 연구 대상은 여전히 자아와 리비도적 대상 집중 사이의 갈등의 결과로 남아 있다.

이제 우리는 자기보존 본능의 리비도적 특성을 더욱 강조해야 한다. 우리가 성적 본능을 모든 것을 보존하는 에로스로 인식하고, 자아의 나르시시즘적 리비도를 세포들이 서로 결합하는 데 기여하는 리비도에서 유래한 것으로 이해하는 과감한 한 걸음을 내딛고 있기 때문이다. 하지만 이제 우리는 갑작스럽게 다음과 같은 질문에 직면하게 된다: 만약 자기보존 본능도 리비도적 성격을 가진다면, 아마도 우리에게는 리비도적인 본능들 외에 다른 본능은 전혀 없는 것 아닐까? 적어도 다른 본능들이 보이지 않는다. 그렇다면 정신분석이 모든 것을 성욕으로 설명한다고 처음부터 의심했던 비평가들이나, 단호하게 '리비도'라는 용어를 일반적인 '본능적 힘'이라는 의미로 사용하기 시작한 융과 같은 혁신가들이 옳다고 인정해야 하는 것 아닐까? 사실이 그런 것일까?

이러한 결과는 사실 우리의 의도에 부합하지 않는다. 우리는 자아 본능 = 죽음 본능과 성적 본능 = 생명 본능 사이의 명확한 구분에서 출발했다. 우리는 이전에 소위 자아의 자기보존 본능도 죽음 본능에 속한다고 보았으나, 이후 이를 수정하여 철회했다. 우리의 견해는 처음부터 이원론적이었으며, 지금은 그 대립 관계를 자아 본능과 성적 본능이 아닌 생명 본능과 죽음 본능으로 명명하면서 그 어느 때보다 더 선명해졌다. 반면 융의 리비도 이론은 일원론적이다. 그가 자신의 유일한 본능적 힘을 리비도라고 명명한 것은 혼란을 초래했지만, 우리는 이에 더 이상 영향받지 않을 것이다. 우리는 자아 내에 리비도적 자기보존 본능 외에도 다른 본능들이 작용하고 있다고 추측하지만, 단지 그것들을 입증할 수 있어야 할 뿐이다. 자아 분석이 아직 충분히 발전하지 못해 이러한 증명이 매우 어렵다는 점은 유감스럽다. 자아의 리비도적 본능들은 아마도 우리에게 아직 낯선 다른 자아 본능들과 특별한 방식으로 연결되어 있을 것이다. 나르시시즘을 명확히 인식하기 전에도 정신분석에서는 "자아 본능"이 리비도적 요소들을 끌어당겼다는 추측이 있었다. 그러나 이는 매우 불확실한 가능성이며, 반대자들은 이를 거의 고려하지 않을 것이다. 분석이 지금까지 우리에게 리비도적 본능만을 증명할 수 있게 했다는 사실은 여전히 불만족스럽다. 그러나 그렇다고 해서 다른 본능이 존재하지 않는다는 결론에는 우리도 동의하지 않는다.

본능 이론의 현재 모호함 속에서, 우리는 명확성을 약속하는 어떤 생각도 거부하지 않는 것이 현명할 것이다. 우리는 생명 본능과 죽음 본능 사이의 큰 대립에서 출발했다. 대상 사랑 자체가 우리에게 사랑(애정)과 증오(공격성)라는 또 다른 양극성을 보여준다. 이제 이 두 양극성을 서로 연관시켜, 하나를 다른 하나로 환원할 수 있다면 얼마나 좋을까! 우리는 일찍이 성적 본능의 가학적 요소를 인정해왔다.† 이 요소는 알다시피 독립적이 될 수 있으며, 변태로서 한 사람의 모든 성적 욕구를 지배할 수도 있다. 또한 내가 "전생식기적 조직"이라고 부른 단계 중 하나에서 지배적인 부분 본능으로 나타나기도 한다. 그러나 대상의 해침을 목표로 하는 가학적 본능을 어떻게 생명 유지의 에로스에서 도출할 수 있을까? 이 가학증이 사실은 리비도의 영향으로 자아로부터 밀려나 대상에서만 나타나게 된 죽음 본능이라고 가정하는 것이 합리적이지 않을까? 그렇게 되면 그것은 성적 기능의 봉사자가 된다. 리비도의 구강기 조직 단계에서는 사랑의 정복이 여전히 대상의 파괴와 일치하고, 나중에 가학적 본능이 분리되며, 마침내 생식기 우위 단계에서는 생식 목적을 위해 성행위 수행에 필요한 만큼 성적 대상을 지배하는 기능을 맡게 된다. 그렇다, 자아에서 밀려난 가학성이 성적 본능의 리비도적 요소들에게 길을 보여주었다고 말할 수도 있다. 나중에 이 요소들이 대상을 향해 나아간다. 원초적 가학증이 완화되거나 융합되지 않는 경우, 사랑 생활에

---

† 『성 이론에 관한 세 편의 논문』, 1905년 초판부터

서 잘 알려진 사랑-증오 양가성이 형성된다.

  만약 그런 가정을 할 수 있다면, 우리는 마침내 (비록 변형된 형태이긴 하지만) 죽음 본능의 실례를 보여줄 수 있게 될 것이다. 다만 이러한 관점은 구체적인 표상과는 거리가 멀고 신비주의적인 인상을 주는 것이 사실이다. 우리가 큰 곤란에서 벗어나기 위해 어떤 대가를 치르더라도 해결책을 찾으려 한다는 의심을 받을 수도 있다. 그러나 이런 가정이 새로운 것이 아니며, 어떤 곤란함도 없었을 때 이미 한 번 제시했던 것임을 상기할 수 있다. 당시 임상적 관찰들은 우리로 하여금 가학증의 상보적 부분 본능인 피학증[*]을 자기 자신에게 되돌려진 가학증으로 이해하도록 강요했다.[†] 하지만 대상에서 자아로의 본능 전환은 원칙적으로 지금 새롭게 문제 삼고 있는 자아에서 대상으로의 전환과 다를 바 없다. 피학증, 즉 자기 자신에 대한 본능의 전환은 실제로 그 본능의 이전 단계로의 회귀, 즉 퇴행일 것이다. 한 가지 점에서 당시 피학증에 대한 설명은 너무 배타적이었기에 수정이 필요하다. 즉, 내가 당시에 부정했

---

[*] 고통을 받는 것에서 쾌감을 느끼는 성향
[†] 『성욕이론』, 제4판, 1920년, 그리고 소논문집 제4권의 『본능과 본능의 운명』 참조

던 것과 달리, 피학증은 일차적인 것일 수도 있다.†＊

  그러나 다시 생명을 유지하는 성적 본능으로 돌아가보자. 원생생물 연구에서 우리는 이미 두 개체의 융합, 즉 분열 없이 이루어지는 접합이 이후 곧 분리되는 두 개체 모두에게 강화와 회춘 효과를 가져온다는 것을 알았다. (위에서 언급한 립슈츠를 참조하라.) 이 개체들은 이후 세대에서 퇴화 현상을 보이지 않으며, 자신의 신진대사로 인한 해로운 영향에 더 오래 저항할 수 있는 것으로 보인다. 내 생각에 이 하나의 관찰은 성적 결합의 효과에 대한 모범적인 예로 간주될 수 있다. 그러나 서로 크게 다르지 않은 두 세포의 융합이 어떻게 이러한 생명의 갱신을 이루어내는가? 원생동물에서 접합을 화학적, 심지어 기계적 자극의 영향으로 대체하는 실험(앞에서 인용한 문

---

† 많은 내용과 사상으로 가득 찬 연구에서 사비나 슈필라인은 이러한 사변의 상당 부분을 선취했는데, 안타깝게도 내게는 그 내용이 완전히 명확하지는 않다. 그녀는 성욕 본능의 가학적 요소를 "파괴적" 요소라고 명명했다. (『생성의 원인으로서의 파괴』, 정신분석학 연감, 제4권, 1913년.) 또 다른 방식으로 A. 스테르케(S. 프로이트, 『성적 문명도덕 등』 네덜란드어판 서문, 1914)는 리비도 개념 자체를 이론적으로 가정된 죽음을 향한 본능이라는 생물학적 개념과 동일시하려 했다. (랑크의 『예술가』도 참조). 본문에서 다룬 것처럼, 이 모든 노력들은 아직 도달하지 못한 본능 이론의 명확화를 향한 열망을 보여준다.

＊ 사비나 슈필라인 (Sabina Spielrein, 1885-1942): 러시아 태생 정신분석가. 융과 프로이트 양측의 제자였으며, 프로이트보다 7년 앞서(1913) 성욕 내의 파괴적 요소를 지적. 창조와 파괴의 변증법적 관계를 탐구하여 죽음충동 이론의 선구자 역할. A. 스테르케 (August Stärcke, 1880-1954): 네덜란드 정신분석가. 리비도 개념을 죽음충동과 동일시하려는 급진적 시도. 프로이트 저작의 네덜란드어 번역과 서문 작성.

헌)은 확실한 답을 제시할 수 있게 한다: 그것은 '새로운 자극의 유입'으로 설명된다. 이는 개체의 생명 과정이 내적인 이유로 화학적 긴장의 균형화, 즉 죽음으로 이어진다는 가정과 잘 부합한다. 반면에 개체적으로 다른 살아있는 물질과의 결합은 이러한 긴장을 증가시키고, 말하자면 새로운 생명적 차이를 도입하며, 이는 다시 소모되어야 한다. 이러한 차이에는 당연히 하나 또는 여러 개의 최적점이 존재할 것이다. 우리가 정신 생활의, 아마도 신경 생활 전반의 지배적인 경향으로 내적 자극 긴장의 감소, 일정한 유지, 제거를 향한 노력을 인식했다는 것(바바라 로우의 표현을 빌리자면 니르바나 원칙)*, 이것이 쾌락 원칙에서 표현되는 것처럼, 이는 죽음 본능의 존재를 믿게 하는 우리의 가장 강력한 동기 중 하나이다.

그러나 성적 본능에서는 우리를 처음으로 죽음 본능 발견으로 이끌었던 그 반복 강박의 특성을 증명할 수 없다는 점이 여전히 우리 사고 과정에 심각한 장애로 느껴진다. 배아 발달 과

---

* 바바라 로우(Barbara Low, 1877-1955): 영국 정신분석가. "니르바나 원칙"(Nirvana principle)이라는 용어를 처음 사용. 정신이 자극과 긴장을 제거하여 무자극 상태로 돌아가려는 경향을 불교의 열반(니르바나) 개념에 빗대어 명명. 프로이트는 이 용어를 채택하여 죽음충동 이론과 연결시켰다. 니르바나 원칙: 정신 장치가 내적 긴장과 흥분을 최소화하거나 제거하려는 근본 경향. 불교의 열반(모든 욕망과 고통의 소멸 상태)에서 유래한 용어로, 프로이트는 이를 죽음충동의 심리적 표현으로 해석했다.

정의 영역은 확실히 그러한 반복 현상으로 가득하며, 유성생식의 두 생식세포와 그들의 생활사 자체가 유기적 생명의 시작을 단지 반복하는 것에 불과하다. 그러나 성적 본능이 의도하는 과정의 본질은 두 세포체의 융합이다. 고등 생물에서는 바로 이 융합을 통해서만 살아있는 물질의 불멸성이 보장된다.

다시 말해서, 우리는 유성생식의 기원과 성적 본능 일반의 출처에 관해 설명을 제공해야 한다. 이는 외부인이라면 뒷걸음질 칠 과제이며, 전문 연구자들조차 아직 해결하지 못한 문제이다. 따라서 모든 상충하는 정보와 의견들 중에서 우리의 사고 흐름과 연결될 수 있는 것들을 가장 간결하게 요약해 보겠다.

한 관점은 생식을 성장의 부분 현상(분열·출아·발아)에 포함시켜, 문제에서 '신비성'을 걷어낸다. 성적으로 분화된 생식세포에 의한 생식의 기원은 다원적 사고방식에 따르면 다음과 같이 상상할 수 있다: 두 원생생물의 우연한 접합에서 한때 발생했던 양성결합의 이점이 이후 발전 과정에서 유지되고 더욱 활용되었다.† 따라서 "성(性)"은 그리 오래되지 않은 것이며,

---

† 바이스만(『생식질』, 1892)은 이러한 이점도 부정하고 있다: "수정은 결코 생명의 회춘이나 갱신을 의미하지 않는다. 수정은 생명의 지속을 위해 전혀 필요하지 않으

성적 결합을 이루려는 극도로 강한 본능들은 단지 우연히 한 번 일어났다가 유리하다는 이유로 고정된 것을 반복하는 셈이다.

여기에서도 죽음의 경우와 마찬가지로 문제가 제기된다. 원생생물에서 관찰되는 것만 인정해야 하는지, 아니면 고등 생물에서 비로소 가시적으로 드러나는 힘과 과정이 실제로는 원생생물에서 이미 발생했다고 가정해도 되는지의 문제다. 우리의 목적을 위해서는 앞서 언급한 성에 대한 개념이 별로 도움이 되지 않는다. 이 개념에 대해 다음과 같은 반론을 제기할 수 있다: 만약 가장 단순한 생명체에서도 작용하는 생명 본능이 존재하지 않는다면, 생명 과정에 반하고 죽음의 과제를 어렵게 만드는 접합이 유지되고 발전되기보다는 오히려 회피되었을 것이다. 따라서 죽음 본능의 가정을 포기하고 싶지 않다면, 처음부터 그것과 함께 생명 본능도 인정해야 한다. 하지만 인정해야 할 점은, 우리가 여기서 두 개의 미지수를 가진 방정식을 다루고 있다는 것이다. 과학에서 성의 기원에 관해 그 외에 발견하는 것은 너무 빈약해서, 이 문제는 가설의 한 줄기 빛조차 침투하지 못한 어둠에 비유할 수 있다. 그러나 완전히 다

며, 단지 두 가지 서로 다른 유전 경향의 혼합을 가능하게 하는 장치에 불과하다." 그러나 그는 이러한 혼합의 결과로서 생물체의 변이성 증가를 인정하고 있다.

른 영역에서 우리는 그러한 가설을 만나게 된다. 비록 이것이 너무 환상적인 종류의 것이어서 —과학적 설명이라기보다는 신화에 가까운— 여기서 언급하기를 주저하지만, 그것이 우리가 추구하는 한 가지 조건을 충족시키기 때문에 소개한다. 그것은 바로 이전 상태로의 회복 필요성에서 본능을 도출한다는 것이다.

물론 나는 플라톤의 『심포지움』*에서 아리스토파네스를 통해 전개된 이론을 염두에 두고 있다. 이 이론은 성적 본능의 기원뿐만 아니라 대상과 관련된 그것의 가장 중요한 변이까지도 다루고 있다.†

"인간의 본성은 예전에는 지금과 전혀 달랐다. 원래는 지금처럼 두 가지가 아니라 세 가지의 성이 있었다. 남성과 여성 외에도 이 두 성의 특징을 동등하게 가진 세 번째 성이 존재했다...." 이 사람들의 모든 것은 이중으로 되어 있었다. 즉, 손

---

* 플라톤의 『심포지움』(Symposion, 『향연』): 기원전 385년경 쓰인 플라톤의 대화편. 사랑(에로스)의 본질에 관한 여러 연설을 담고 있다. 아리스토파네스의 신화에서는 원래 인간이 둥근 형태의 완전한 존재(남성-남성, 여성-여성, 남성-여성의 세 유형)였으나, 신들에 도전하다 제우스에 의해 둘로 잘렸고, 이후 각자가 잃어버린 반쪽을 찾아 헤매게 되었다고 설명한다. 프로이트는 이 신화를 에로스의 결합 충동, 즉 분리된 것을 다시 하나로 만들려는 욕구의 원형적 표현으로 해석했다.

† 루돌프 카스너*(Rudolf Kassner, 1873-1959, 오스트리아의 문학가, 철학자, 번역가. 플라톤 대화편을 포함한 고전 철학 텍스트의 독일어 번역으로 알려짐.)에 의한 번역

네 개, 발 네 개, 얼굴 두 개, 이중의 성기 등을 가지고 있었다. 그러자 제우스는 각 인간을 두 부분으로 나누기로 결정했다. "마치 사람들이 배를 조리하기 위해 반으로 자르듯이..." "이렇게 전체 본성이 둘로 나뉘자, 각 인간에게는 자신의 다른 반쪽에 대한 갈망이 생겨났다. 두 반쪽은 서로를 팔로 감싸 안고 몸을 얽히게 하며 다시 하나가 되기를 원했다...."†*

---

† 하인리히 곰페르츠 교수(빈)로부터 플라톤 신화의 기원에 관한 다음과 같은 시사를 얻었으며, 여기서는 부분적으로 그의 표현을 그대로 인용한다: 본질적으로 동일한 이론이 우파니샤드에서도 발견된다는 점을 지적하고 싶다. 브리하드-아란야카 우파니샤드*(힌두교 경전인 우파니샤드 중 가장 오래되고 중요한 것) I, 4, 3(도이센, 『베다의 60 우파니샤드』, 393쪽)에는 아트만(자아 또는 나)으로부터 세계가 창발하는 과정이 다음과 같이 묘사되어 있다: "그러나 그(아트만, 자아 또는 나) 역시 기쁨이 없었다. 그러므로 혼자 있으면 기쁨이 없는 법이다. 그래서 그는 제2의 존재를 갈망하게 되었다. 그때 그는 남자와 여자가 서로 포옹하고 있을 때와 같은 크기였다. 이 자신의 자아를 둘로 나누었더니, 그로부터 남편과 아내가 생겨났다. 그러므로 야즈냐발키야가 말한 바와 같이, 이 몸은 자아에 있어서 말하자면 반쪽에 지나지 않는다. 따라서 이 빈 공간은 여인에 의해 채워지는 것이다." 브리하드-아란야카 우파니샤드는 모든 우파니샤드 중 가장 오래된 것으로, 어떤 식견 있는 연구자도 기원전 800년경보다 늦게 성립했다고 보지 않는다. 플라톤이 이러한 인도 사상에 의존했을 가능성—비록 매우 간접적이라 할지라도—에 대해서는, 나는 통설과 달리 무조건 부정적으로 보지 않는다. 영혼윤회설의 경우에도 그러한 가능성을 완전히 배제할 수는 없기 때문이다. 만약 피타고라스파를 통해 매개된 그러한 의존성이 존재한다 하더라도, 사상적 일치의 의미가 크게 손상되지는 않을 것이다. 왜냐하면 플라톤은 동양적 전승에서 전래된 어떤 이야기든 그것이 자신에게 진리로 다가오지 않는다면, 결코 자기 것으로 받아들이지도 않았을 것이고, 하물며 그토록 중요한 위치를 부여하지도 않았을 것이기 때문이다. 한편 K. 지글러의 저서 『인간과 세계의 생성』(『고전 고대학 신연보』 제31권, 별쇄본 1913)에서는 플라톤 이전의 이 같은 사상을 체계적으로 추적하면서, 그 기원을 바빌로니아 관념으로 소급하고 있다.

* 하인리히 곰페르츠 (Heinrich Gomperz, 1873-1942): 오스트리아 철학자, 빈 대학 교수. 고대 그리스 철학과 인도 철학의 비교 연구. 프로이트에게 플라톤 신화와 우

시인-철학자의 암시를 따라 우리는 다음과 같은 가정을 감히 해볼 수 있을까? 즉, 생명 물질이 생명을 얻는 과정에서 작은 입자들로 분리되었고, 이후 성적 본능을 통해 재결합을 추구한다는 것이다. 그리고 이 본능들은 무생물 물질의 화학적 친화성이 지속되는 형태로, 원생생물계를 거치면서 생명에 위험한 자극으로 가득 찬 환경이 이러한 노력을 방해하는 어려움을 점차 극복하고, 그 환경이 보호막 형성을 강요하게 된다는 것이다. 그리고 생명 물질의 이렇게 분리된 입자들이 결국 다세포성에 도달하고, 마침내 생식세포에게 재결합을 향한 본능을 최고의 농도로 전달한다는 것이다. 여기서 논의를 중단하는 것이 좋겠다고 생각한다.

하지만 여기서 끝맺지 않고 몇 마디 비판적 고찰을 덧붙이고자 한다. 누군가는 내가 여기서 전개한 가정들을 어느 정도까지 믿는지 물을 수 있을 것이다. 내 대답은 이렇다. 나 자신

우파니샤드의 연관성에 대한 학술적 정보를 제공. 파울 도이센 (Paul Deussen, 1845-1919): 독일 철학자, 산스크리트 학자. 쇼펜하우어 연구자이자 인도 철학의 독일 소개자. 우파니샤드의 권위 있는 독일어 번역으로 서양에 인도 사상을 전파. 야즈냐발키아 (Yājñavalkya): 기원전 8세기경 고대 인도의 성자이자 철학자. 브리하드-아란야카 우파니샤드의 주요 현자로, 아트만과 브라만에 관한 가르침을 설파. 피타고라스파: 기원전 6세기 피타고라스가 창시한 그리스 철학-종교 학파. 영혼불멸과 윤회 사상을 믿었으며, 동방(이집트, 바빌로니아, 인도)의 지혜를 그리스에 전한 통로로 추정됨. K. 지글러 (K. Ziegler): 20세기 초 고전학자. 플라톤 이전 고대 근동 창조 신화의 영향을 추적하여 그리스 사상의 바빌로니아적 기원을 탐구.

도 완전히 확신하지 않으며, 다른 사람들에게 이를 믿으라고 권하지도 않는다. 더 정확히 말하자면, 나는 내가 이것들을 얼마나 믿는지 모른다. 내게는 확신이라는 정서적 요소가 여기서 전혀 고려 대상이 될 필요가 없는 것 같다. 사람은 순전히 과학적 호기심에서, 혹은 원한다면 악마의 대변인처럼 생각의 흐름에 자신을 내맡기고 그것이 이끄는 곳까지 따라갈 수 있다. 하지만 그렇다고 악마 자신에게 영혼을 팔 필요는 없다. 내가 여기서 시도하는 본능 이론의 세 번째 단계가 이전의 두 단계, 즉 성욕 개념의 확장과 나르시시즘 개념의 정립만큼의 확실성을 주장할 수 없다는 점은 인정한다. 이 이전의 혁신들은 관찰을 이론으로 직접 변환한 것으로, 이런 모든 경우에 불가피한 오류 가능성 이상의 것은 없었다. 본능의 퇴행적 성격에 관한 주장 역시 관찰된 자료, 즉 반복 강박의 사실들에 기초하고 있다. 하지만 아마도 나는 그 의미를 과대평가했을지 모른다. 이 아이디어를 완전히 전개하는 것은 실제 사실과 상상된 것을 여러 차례 결합하고, 그 과정에서 관찰로부터 멀어지는 방법 외에는 불가능하다. 이론 구축 과정에서 이런 일을 자주 할수록 최종 결과가 더 신뢰할 수 없게 된다는 것은 알지만, 불확실성의 정도는 명시할 수 없다. 운 좋게 진실에 도달할 수도 있고, 아니면 수치스럽게 오류에 빠질 수도 있다. 나는 이런 작업에서 소위 직관이라는 것을 별로 신뢰하지 않는다. 내가 직관에서 본 것은 지성의 일종의 공정성의 결과에 가까웠다. 다만 불행히도 과학과 삶의 궁극적인 문제, 위대한 질문들을 다룰 때 사람은 거의 공정하지 못하다. 내 생각에 누구나 내면 깊숙이 자리 잡은 선호에 지배받게 되며, 자신의 사변을 통해 무의식적으로 그것을 뒷받침하게 된다. 이처럼 불신할 만한 충분한 이유가 있으므로, 자신의 사고 노력의 결과에 대해 냉정한 호의 이상의 태도를 취하기는 어렵다. 서둘러 덧붙이자면, 이러한 자기비판이 다른 견해에 대한 특별한 관용을 요구하지는 않는다. 관찰의 분석 첫 단계에서부터 모순되는 이론들은 가차 없이 거부할 수 있으며, 동시에 자신이 지지하는 이론의 정확성이 단지 잠정적임을 알 수 있다. 생명 본능과 죽음 본능에 관한 우리의 사변을 평가할 때, 한 본능이 다른 본능에 의해 밀려나거나, 자아에서 대상으로 향하는 것과 같은 많은 낯설고 직관적이지 않은 과정들이 포함되어 있다는 점은 우리를 크게 방해하지 않는다. 이는 단지 우리가 심리학(정확히는 심층심리학)의 과학적 용어, 즉 고유한 비유적 언어로 작업할 수밖에 없기 때문이다. 그렇지 않으면 우리는 해당 과정을 전혀 설명할 수 없을 뿐 아니라, 아예 인식하지도 못했을 것이다. 우리 설명의 결함은 심리학적 용어 대신 생리학적 또는 화학적 용어를 사용할 수 있게 된다면 아마도 사라질 것이다. 물론 이것들도 일종의 비유적 언어에 속하지만, 우리에게 더 오랫동안 친숙했고 아마도 더 단순한 언어일 것이다.

그에 반해, 생물학적 연구에서 아이디어를 빌려와야 한다는 필요성으로 인해 우리의 사변적 불확실성이 크게 높아졌다는 점을 분명히 인식해야 한다. 생물학은 진정 무한한 가능성의 영역이며, 우리는 거기서 놀라운 설명들을 기대할 수 있지만, 몇십 년 후에 우리가 제기한 질문들에 어떤 답변을 내놓을지 예측할 수 없다. 아마도 그 답변들이 우리의 모든 인위적인 가설 체계를 무너뜨릴 수도 있다. 만약 그렇다면, 어떤 사람은 이 장에 담긴 것과 같은 작업을 왜 수행하고 발표하는지 물을 수 있을 것이다. 그러나 나는 여기에 포함된 몇몇 유사성, 연결점, 그리고 관계들이 내게는 주목할 가치가 있어 보인다는 점을 부정할 수 없다.[†]

[†] 우리의 명명법에 대한 명확화를 위해 몇 마디 덧붙이고자 한다. 이 명명법은 이러한 논의들이 진행되는 동안 일정한 발전을 겪어왔다. "성충동"이 무엇인지는 그것의 성별 및 번식기능과의 관련에서 알고 있었다. 그 후 정신분석의 결과로 인해 번식과의 관련을 느슨하게 만들어야 했지만, 우리는 여전히 이 명칭을 유지했다. 나르시시즘적 리비도의 설정과 리비도 개념의 개별 세포로의 확장을 통해, 성충동은 우리에게 에로스로 변화했다. 에로스는 살아있는 물질의 부분들을 서로 밀어붙이고 결합시켜 유지하려고 한다. 그리고 일반적으로 성충동이라고 불리던 것들은 이 에로스의 대상을 향한 부분으로 나타났다. 추론은 그 다음 이 에로스를 생명의 시작부터 작용하게 하고, 무기물의 생명화를 통해 생겨난 "죽음충동"과 대립하는 "생명충동"으로 등장시킨다. 추론은 태초부터 서로 투쟁하는 이 두 충동의 가정을 통해 생명의 수수께끼를 해결하려고 시도한다.아마도 더 복잡한 것은 "자아충동" 개념이 겪은 변화일 것이다. 원래 우리는 대상을 향하는 성충동들과 구별되는, 우리가 더 자세히 알지 못하던 모든 충동 방향들을 그렇게 불렀고, 자아충동을 리비도로 표현되는 성충동과 대립시켰다.

나중에 우리가 자아 분석에 접근하여 "자아충동"의 일부도 리비도적 성격을 가지며, 자기 자아를 대상으로 삼는다는 것을 알게 되었다. 이러한 나르시시즘적 자기보존충동들은 이제 리비도적 성충동들에 포함되어야 했다. 자아충동과 성충동 간의 대립은 자아충동과 대상충동 간의 대립으로 변화했고, 둘 다 리비도적 성격을 갖는다. 그러나 그 자리에 리비도적(자아 및 대상) 충동들과 자아에 설정되어야 하고 아마도 파괴충동*(죽음충동(Todestrieb)이 외부로 향할 때의 형태. 죽음충동이 내부로 향하면 자기파괴로, 외부로 향하면 공격성과 파괴성으로 나타난다. 따라서 파괴충동은 죽음충동의 외향적 표현이며, 두 개념은 밀접히 연관되어 있으나 동일하지는 않다.)으로 입증될 수 있는 다른 충동들 사이의 새로운 대립이 등장했다. 추론은 이 대립을 생명충동(에로스)과 죽음충동 간의 대립으로 변환한다.

제7장 충동 이론의 발전

만약 모든 충동이 이전의 상태로 돌아가려는 것이 정말로 보편적인 특성이라면, 우리는 정신 생활에서 많은 과정들이 쾌락 원칙과 무관하게 진행된다는 사실에 놀라지 말아야 할 것이다. 이러한 특성은 모든 부분 충동에 전달되어 각각의 경우에 발달 과정의 특정 단계로 되돌아가려는 경향과 관련될 것이다. 그러나 쾌락 원칙이 아직 지배력을 얻지 못한 이 모든 것이 반드시 쾌락 원칙과 대립하는 것은 아니며, 충동적 반복 과정들과 쾌락 원칙의 지배 사이의 관계를 결정하는 과제는 여전히 해결되지 않은 채로 남아있다.

우리는 정신 장치의 가장 초기이자 중요한 기능 중 하나가 들어오는 충동적 자극을 '묶는 것'이라고 인식해왔다. 이는 그 안에서 지배적인 일차 과정을 이차 과정으로 대체하고, 자유롭게 움직이는 충당 에너지를 주로 정지된(긴장성) 충당으로 전환하는 것이다. 이러한 변환 과정에서 불쾌감의 발생을 고려할 수는 없지만, 그렇다고 쾌락 원칙이 폐기되는 것은 아니다. 오히려 이 변환은 쾌락 원칙을 위해 이루어지는 것이다. 묶음은 준비 행위로서, 쾌락 원칙의 지배를 시작하고 확보하는 것이다.

우리가 지금까지 해온 것보다 더 명확하게 기능과 경향을 구분해보자. 쾌락 원칙은 하나의 기능을 위해 봉사하는 경향이며, 그 기능은 정신 장치를 흥분 없는 상태로 만들거나, 그 안의 흥분량을 일정하게 유지하거나, 가능한 한 낮게 유지하는 것이다. 우리는 아직 이러한 표현들 중 어느 것이 정확한지 확신할 수 없지만, 이렇게 정의된 기능이 모든 생물의 가장 보편적인 열망, 즉, 무기물 세계의 평온함으로 돌아가려는 욕구에 참여하고 있음을 알아차린다. 우리 모두는 우리가 도달할 수 있는 가장 큰 쾌락, 즉 성행위의 쾌락이 매우 고조된 흥분의 일시적 소멸과 연관되어 있다는 것을 경험해왔다. 그런데 본능적 충동의 묶음은 준비적 기능으로서, 흥분을 최종적인 방출 쾌락을 통해 처리되도록 준비시키는 것이다.

동일한 관련성 속에서 묶인 흥분 과정과 묶이지 않은 흥분 과정 모두에서 쾌감과 불쾌감이 동일한 방식으로 발생할 수 있는지에 대한 의문이 제기된다. 이에 대해서는 의심의 여지가 없이, 묶이지 않은 과정, 즉 일차 과정이 묶인 과정, 즉 이차 과정보다 양방향으로 훨씬 강렬한 감각을 만들어낸다. 일차 과정은 시간적으로도 더 이른 것으로, 정신 생활의 시작 단계에는 그것 외에 다른 것이 존재하지 않는다. 우리는 만약 쾌락 원칙이 이미 이 일차 과정에서 작용하지 않았다면, 나중의 과정들에서 그것이 형성될 수 없었을 것이라고 결론지을 수 있다. 이렇게 우리는 근본적으로 단순하지 않은 결론에 도달하게 된다. 즉, 정신 생활 초기에 쾌락을 추구하는 경향이 이후보다 훨씬 더 강렬하게 표현되지만, 그것이 제한 없이 표현되는 것은 아니다. 그것은 빈번한 방해를 견뎌야 한다. 더 성숙한 시기에는 쾌락 원칙의 지배가 훨씬 더 확고하지만, 쾌락 원칙 자체도 다른 모든 충동들처럼 억제에서 자유롭지 않다. 어쨌든, 흥분 과정에서 쾌감과 불쾌감의 감각을 발생시키는 요소는 이차 과정에서도 일차 과정에서와 마찬가지로 존재해야 한다.

여기에서 더 많은 연구를 시작할 수 있는 지점이 될 것이다. 우리의 의식은 내부로부터 쾌감과 불쾌감의 감각뿐만 아니라, 특유의 긴장감도 전달해준다. 이 긴장감 자체도 쾌적하거나 불쾌할 수 있다. 이제 우리가 이러한 감각을 통해 구별해야 하는 것이 묶인 에너지 과정과 묶이지 않은 에너지 과정인지, 아니면 긴장감의 감각이 충당의 절대적 크기나 가능한 수준과 관련된 것인지, 반면 쾌-불쾌의 연속성은 단위 시간당 충당 크기의 변화를 가리키는 것인지 의문이 든다. 또한 생명 본능이 우리의 내적 지각과 훨씬 더 많은 관련이 있다는 점도 주목해야 한다. 생명 충동은 방해물로 작용하며, 끊임없이 긴장을 가져오고, 그 긴장의 해소가 쾌감으로 느껴진다. 반면 죽음 충동은 그 작업을 눈에 띄지 않게 수행하는 것처럼 보인다. 쾌락 원칙은 바로 죽음 충동에 봉사하는 것처럼 보인다. 물론 그것은 두 종류의 충동 모두에 의해 위험으로 간주되는 외부 자극도 감시하지만, 특히 생명의 과제를 더 어렵게 만드는 내부로부터의 자극 증가를 감시한다. 여기에는 지금으로서는 대답할 수 없는 수많은 다른 질문들이 연결되어 있다. 인내심을 가지고 연구를 위한 추가적인 수단과 기회를 기다려야 한다. 또한 한동안 따라왔던 길이 좋은 결과로 이어지지 않을 것 같으면 그 길을 다시 포기할 준비도 되어 있어야 한다. 과학에서 버려진 교리문답의 대체물을 요구하는 신앙인들만이 연구자의 견해 발전이나 심지어 변경을 비난할 수 있을 것이다. 그밖에는, 우리 과학적 지식의 느린 진보에 대해 한 시인(하리리의 마카멘에서의 뤼케르트)이 우리를 위로해 줄 수 있을 것이다.*

---

* 프리드리히 뤼케르트 (Friedrich Rückert, 1788-1866): 독일 시인, 동양학자. 아랍어, 페르시아어, 산스크리트어 등에 능통했으며, 동양 문학을 독일어로 번역하고 동양적 형식의 시를 창작. 여기서 인용된 것은 그의 번역시집 『하리리의 마카멘』(Die Verwandlungen des Abu Seid von Serug oder die Makamen des Hariri)에서 가져온 것으로, 지식 탐구의 느린 진보에 대한 위안을 담고 있다. 하리리 (al-Hariri, 1054-1122): 중세 아랍의 시인. 『마카멘』(Maqāmāt, 우화적 단편 모음집)의 저자. 아랍 고전 문학의 걸작으로, 지혜와 언어 유희가 풍부한 산문시 형식의 작품.

자아와 이드
— The Ego and The ID

쾌락 원칙을 넘어서, 그 이후

 다음 논의들은 내 저서 『쾌락 원칙을 넘어서』(1920)에서 시작된 사고의 흐름을 계속 이어간다. 거기서 언급했듯이, 나는 개인적으로 이러한 사고에 대해 어느 정도 호의 어린 호기심으로 대했다. 이 논의들은 그 사상들을 받아들여 다양한 분석적 관찰의 사실들과 연결하고, 이러한 결합에서 새로운 결론들을 도출하려고 노력한다. 하지만 생물학에서 새로 빌려온 것은 없으며, 따라서 『쾌락 원칙을 넘어서』보다는 정신분석에 더 가깝다. 이 논의들은 추측이라기보다는 종합의 성격을 띠고 있으며, 높은 목표를 설정한 것처럼 보인다. 하지만 나는 그것들이 가장 기초적인 지점에서 멈춘다는 것을 알고 있으며, 이러한 제약에 대해 그러한 한계를 기꺼이 받아들인다.
 이 과정에서 지금까지 정신분석학적 연구의 대상이 되지 않았던 것들을 다루게 되며, 비분석가들이나 분석학에서 물러난 전직 분석가들이 분석학을 떠나면서 세운 여러 이론들을 건드리지 않을 수 없다. 나는 평소 다른 연구자들에 대한 나의 의무를 인정할 준비가 항상 되어 있었지만, 이 경우에는 그러한 감사의 빚을 지고 있다고 느끼지 않는다. 정신분석학이 지금까지 특정한 것들을 인정하지 않았다면, 그것은 결코 그것들의 성과를 간과했거나 그 의미를 부정하고 싶어서가 아니라, 아직 그만큼 멀리 이르지 못한 특정한 길을 따라왔기 때문이었다. 그리고 마침내 그 지점에 도달했을 때, 그것들 또한 다른 사람들과는 다르게 보인다.

제1장 의식과 무의식

 이 서론 부분에서는 새로 말할 것이 없으며, 이전에 자주 했던 말을 반복할 수밖에 없다.

 정신적인 것을 의식과 무의식으로 구분하는 것은 정신분석학의 기본 전제이며, 이것이야말로 정신분석학이 정신생활에서 빈번하면서도 중요한 병리적 과정들을 이해하고 이를 과학에 편입시킬 수 있는 유일한 가능성을 제공한다. 다시 말해서 다르게 표현하면, 정신분석학은 정신적인 것의 본질을 의식에 둘 수 없으며, 의식을 정신적인 것의 한 속성으로 보아야 한다. 이 속성은 다른 속성들에 더해질 수도 있고 사라질 수도 있는 것이다.

 심리학에 관심 있는 모든 사람들이 이 글을 읽을 것이라고 생각할 수 있다면, 나는 이미 이 지점에서 일부 독자가 더 이상 따라오지 않을 것을 각오한다. 왜냐하면 여기가 바로 정신분석학의 첫 번째 시금석이기 때문이다. 철학적 교양을 갖춘 대부분의 사람들에게는 의식적이지 않은 정신적인 것이라는 관념이 너무나 이해하기 어려워서, 그들에게는 그것이 터무니없고 순전한 논리로도 거부할 수 있는 것처럼 보인다. 나는 이것이 단지 그들이 최면과 꿈의 현상들을 연구한 적이 없기 때문이라고 생각한다. 이러한 현상들은 병리학적인 것은 차치하고라도 그런 견해를 강요하는 것들이다. 하지만 그들의 의식 심리학도 꿈과 최면의 문제들을 해결할 수 없다.

의식적이라는 것은 우선 순전히 기술적인 용어로서, 가장 직접적이고 확실한 지각에 근거한다. 경험은 우리에게 정신적 요소, 예를 들어 어떤 관념이 보통은 지속적으로 의식적이지 않다는 것을 보여준다. 오히려 의식 상태가 빠르게 지나가는 것이 특징적이다. 지금 의식적인 관념이 다음 순간에는 더 이상 그렇지 않지만, 쉽게 만들어낼 수 있는 특정한 조건만 갖추면 다시 의식적이 될 수 있다. 그 사이에는 그것이 무엇이었는지 우리는 알지 못한다. 우리는 그것이 잠재적이었다고 말할 수 있으며, 이때 그것이 언제든 의식이 될 수 있는 능력을 가지고 있었다는 뜻이다. 그것이 무의식적이었다고 말할 때도 우리는 올바른 기술을 한 것이다. 이때 '무의식'은 곧 잠재적이며 의식화될 수 있는 것과 일치한다. 물론 철학자들은 우리에게 이렇게 반박할 것이다. "아니다, 무의식이라는 용어는 여기서 적용될 수 없다. 관념이 잠재 상태에 있는 동안에는 그것은 전혀 정신적인 것이 아니었다." 만약 우리가 벌써 이 지점에서 그들과 논쟁한다면, 아무것도 얻을 수 없는 말다툼에 빠지게 될 것이다.

하지만 우리는 다른 경로를 통해 무의식이라는 용어나 개념에 도달했다. 정신적 역학*이 역할을 하는 경험들을 처리하는 과정에서 말이다. 우리는 매우 강력한 정신적 과정들이나 관념들이 존재한다는 것을 경험했다. 즉 인정해야 했다. 여기서 먼저 양적인, 따라서 경제적인 측면이 고려된다. 이러한 과정들은 다른 관념들과 마찬가지로 정신생활에 모든 결과를 가져올 수 있으며, 다시 관념의 형태로 의식될 수 있는 그런 결과들도 가져올 수 있다. 단지 그것들 자신은 의식되지 않을 뿐이다. 이미 여러 번 제시된 것을 여기서 자세히 반복할 필요는 없다. 바로 이 지점에서 정신분석학 이론이 개입하여 다음과 같이 주장한다. 그러한 관념들이 의식될 수 없는 것은 특정한 힘이 이를 방해하기 때문이며, 그렇지 않았다면 그것들이 의식될 수 있었을 것이고, 그럴 경우 그것들이 인정받은 다른 정신적 요소들과 얼마나 적게 다른지 알 수 있었을 것이라는 주장이다. 이 이론은 정신분석학적 기법에서 그 저항하는 힘을 제

---

* 정신 내에서 일어나는 힘의 상호작용

거하고 해당 관념들을 의식화할 수 있는 수단들이 발견됨으로써 반박할 수 없게 된다. 이러한 관념들이 의식화되기 전에 있던 상태를 우리는 억압이라고 부르며, 억압을 야기하고 유지해온 힘을 우리는 분석 작업 중에 저항으로서 감지한다고 주장한다.

따라서 우리의 무의식 개념은 억압 이론으로부터 얻어진다. 억압된 것이 우리에게는 무의식의 전형이다. 하지만 우리는 두 종류의 무의식이 있다는 것을 알게 된다. 하나는 잠재적이지만 의식이 될 수 있는 것이고, 다른 하나는 억압된 것으로서 그 자체로는 그리고 쉽게는 의식이 될 수 없는 것이다. 정신적 역학에 대한 우리의 통찰은 명칭과 기술에 영향을 미치지 않을 수 없다. 우리는 단지 기술적으로만 무의식적인, 역학적 의미에서는 무의식적이지 않은 잠재적인 것을 전의식이라고 부른다. 무의식이라는 명칭은 역학적으로 무의식적인 억압된 것으로 제한하여, 이제 우리는 의식(의식), 전의식(전의), 무의식(무의)이라는 세 개의 용어를 갖게 되었으며, 이들의 의미는 더 이상 순전히 기술적인 것이 아니다. 전의식은, 우리가 가정하기로는, 무의식보다 의식에 훨씬 가깝다. 그리고 우리가 무의식을 정신적이라고 불렀으므로, 잠재적인 전의식에 대해서는 더욱 주저 없이 그렇게 할 것이다. 하지만 왜 우리는 철학자들과 합의를 이루면서 전의식과 무의식을 의식적인 정신적인 것으로부터 일관성 있게 분리하지 않는가? 그렇다면 철학자들은 우리에게 전의식과 무의식을 정신유사체[*]의 두 종류 또는 단계로 기술하자고 제안할 것이고, 일치가 이루어질 것이다. 하지만 그 결과로 기술에서 무한한 어려움들이 생길 것이며, 유일하게 중요한 사실, 즉 이러한 정신유사체들이 거의 모든 다른 점들에서 인정받은 정신적인 것과 일치한다는 사실이 편견 때문에 뒷전으로 밀려날 것이다. 이 편견은 이러한 정신유사체들이나 그 중에서 가장 중요한 것들을 아직 알지 못했던 시대에서 비롯된 것이다.

이제 우리는 의식, 전의식, 무의식이라는 세 용어로 편리하게 작업할 수 있다. 다만 기술적 의미에서는 두 종류의 무의식이 있지만 역학적 의미에서는 오직 하나만 있다는 것을 잊지 않는다면 말이다. 어떤 서술 목적에서는 이런 구별을 무시할 수도 있지만, 다른 목적에서는 당연히 필수불가결하다. 어쨌든 우리는 무의식의 이러한 이중적 의미에 꽤 익숙해져 있고 그것으로 잘 지내왔다. 내가 보기로는 이것을 피할 수는 없다. 의식적인 것과 무의식적인 것 사이의 구별은 결국 지각의 문제이며, 이것은 예 또는 아니오로 대답해야 할 문제이고, 지각

---

[*] 정신과 유사하지만 정신이 아닌 것

행위 자체는 어떤 것이 왜 지각되거나 지각되지 않는지에 대해서는 정보를 주지 않는다. 역학적인 것이 현상에서 애매한 표현만을 찾는다고 불평해서는 안 된다.†

---

† 이 점에서 무의식 개념에 대한 비판의 새로운 전환점이 고려될 만하다. 정신분석학적 사실들의 인정을 거부하지는 않지만 무의식은 받아들이려 하지 않는 일부 연구자들이 다음과 같은 논란의 여지가 없는 사실의 도움으로 해결책을 만들어낸다. 현상으로서의 의식 역시 강도나 명확성의 많은 단계적 차이를 보여준다는 것이다. 매우 생생하고 선명하며 뚜렷하게 의식되는 과정들이 있는 것처럼, 우리는 또한 약하게, 겨우 알아챌 만큼만 의식되는 다른 것들도 경험한다. 그리고 가장 약하게 의식되는 것들이 바로 정신분석학이 부적절한 단어인 '무의식'을 사용하려고 하는 것들이라는 것이다. 하지만 그것들 역시 의식적이거나 "의식 안에" 있으며, 충분히 주의를 기울인다면 완전하고 강하게 의식화될 수 있다는 것이다.

이러한 관례나 감정적 요인들에 의존하는 문제에서 논증을 통해 결정에 영향을 미칠 수 있는 한, 다음과 같은 점을 언급할 수 있다. 의식의 명확성에 단계적 차이가 있다는 지적은 전혀 구속력이 없으며, 다음과 같은 유사한 명제들보다 더 큰 증명력을 갖지 못한다. "가장 눈부시고 현혹적인 빛에서부터 희미한 빛의 반짝임까지 조명의 단계적 차이가 매우 많이 있다, 따라서 어둠은 전혀 존재하지 않는다." 또는 "생명력에는 여러 등급이 있다, 따라서 죽음은 존재하지 않는다." 이러한 명제들은 어떤 의미에서는 기지에 넘칠지도 모르지만, 실질적으로는 거부되어야 마땅하다. 그것들로부터 특정한 결론들을 도출하려고 할 때 명백히 드러나는 바와 같다. 예를 들어 "따라서 불을 켤 필요가 없다"거나 "따라서 모든 유기체는 불멸이다"와 같은 결론 말이다. 게다가 알아차릴 수 없는 것을 의식 범주 안에 포함시키면, 정신적인 것에서 유일하게 존재하는 직접적 확실성을 훼손하게 된다. 아무것도 알아차리지 못하는 '의식'이라는 발상은 무의식적인 정신적인 것보다 훨씬 더 터무니없게 보인다. 마지막으로 이러한 알아차리지 못하는 것과 무의식적인 것의 동일시는 명백히 역학적 관계들을 고려하지 않고 시도된 것이다. 이 역학적 관계들이야말로 정신분석학적 견해에서 결정적이었다. 왜냐하면 두 가지 사실이 그때 간과되고 있기 때문이다. 첫째, 그러한 알아차리지 못하는 것에 충분한 주의를 기울이는 것은 매우 어렵고 큰 노력을 필요로 한다는 것이며, 둘째, 이것이 성공했을 때 이전에 알아차리지 못했던 것은 이제 의식에 의해 인정받는 것이 아니라 종종 의식에게 완전히 낯설고 대립적으로 보이며 의식에 의해 단호하게 거부된다는 것이다. 따라서 무의식으로부터 약간 알아차린 것과 알아차리지 못한 것으로 돌아가는 것은 결국 정신적인 것과 의식적인 것의 동일성이 영원히 확정되어 있다는 편견의 파생물일 뿐이다.

하지만 정신분석학적 작업이 더 진행되면서 이러한 구별들도 부적절하고 실용적으로 불충분하다는 것이 밝혀진다. 이를 보여주는 상황들 중에서 다음을 결정적인 것으로 강조하고자 한다. 우리는 한 개인의 정신적 과정들이 하나의 응집된 조직을 이루고 있다는 개념을 형성했으며, 이것을 그 개인의 자아라고 부른다. 이 자아에는 의식이 달라붙어 있고, 자아는 운동성으로의 접근, 즉 흥분을 외부세계로 방출하는 것을 지배한다. 자아는 모든 부분적 과정들에 대해 통제를 행사하는 정신적 기관이며, 밤에는 잠들어 가면서도 여전히 꿈 검열을 담당한다. 이 자아로부터 억압들도 나온다. 억압을 통해 특정한 정신적 충동들이 의식으로부터뿐만 아니라 다른 형태의 타당성과 활동으로부터도 배제되어야 한다. 억압을 통해 제거된 것은 분석에서 자아와 대립하여 나타나며, 분석에게는 자아가 억압된 것과의 관계에 대해 보이는 저항을 제거하는 과제가 주어진다. 이제 우리는 분석 중에 다음과 같은 관찰을 하게 된다. 우리가 환자에게 특정한 과제를 제시할 때 환자가 어려움에 빠진다는 것이다. 그의 연상은 억압된 것에 접근해야 할 때 실패한다. 그러면 우리는 그에게 저항의 지배 하에 있다고 말하지만, 그는 그것에 대해 아무것도 모른다. 그리고 설령 그가 자신의 불쾌감으로부터 지금 자신 안에서 저항이 작용하고 있다고 추측해야 한다고 하더라도, 그는 그것을 명확히 지적하지 못한다. 그런데 이 저항은 확실히 그의 자아로부터 나오고 자아에 속하는 것이므로, 우리는 예상치 못한 상황에 직면하게 된다. 우리는 자아 자체 안에서 역시 무의식적인 무언가를 발견했던 것이다. 그것은 억압된 것과 똑같이 행동한다. 즉 강력한 효과를 발휘하면서도 스스로는 의식되지 않으며, 그것을 의식화하기 위해서는 특별한 작업이 필요하다. 분석 실무에 대한 이러한 경험의 결과는, 우리가 관습적인 표현 방식에 고집하면서 예를 들어 신경증을 의식적인 것과 무의식적인 것 사이의 갈등으로 귀결시키려 할 때 무한히 많은 불명확성과 어려움에 빠지게 된다는 것이다. 우리는 정신생활의 구조적 관계에 대한 우리의 통찰로부터 이러한 대립 대신에 다른 것을 대입해야 한다. 즉 응집된 자아와 그것으로부터 분리된 억압된 것 사이의 대립을 말이다.†

하지만 무의식에 대한 우리의 견해에 미치는 결과는 훨씬 더 중요하다. 역학적 관점이 우리에게 첫 번째 수정을 가져다주었다면, 구조적 통찰은 두 번째 수정을 가져다준다. 우리는 무의식이 억압된 것과 일치하지 않는다는 것을 깨닫게 된다. 모든 억압된 것이 무의식적이라는 것은 여전히 옳지만, 모든

---

† 『쾌락 원칙을 넘어서』 참조.

무의식적인 것이 억압된 것은 아니다. 자아의 일부분, 그것도 하느님만이 아시는 얼마나 중요한 자아의 일부분이 무의식적일 수 있고, 확실히 무의식적이다. 그리고 자아의 이 무의식적인 것은 전의식의 의미에서 잠재적인 것이 아니다. 만약 그렇다면 의식화되지 않고서도 활성화될 수 없을 것이고, 그것을 의식화하는 것이 그렇게 큰 어려움을 일으키지도 않을 것이다. 이렇게 세 번째의, 억압되지 않은 무의식을 설정해야 하는 필요성 앞에 서게 되었을 때, 우리는 무의식이라는 특성이 우리에게 있어서 중요성을 잃는다는 것을 인정해야 한다. 그것은 다의적인 성질이 되어, 우리가 기꺼이 활용하려고 했던 광범위하고 배타적인 결론들을 허용하지 않는다. 그러나 우리는 그것을 무시하는 것을 경계해야 한다. 결국 의식적이냐 아니냐 하는 속성은 심층심리학*의 어둠 속에서 유일한 등불이기 때문이다.

---

* 무의식의 깊은 층을 연구하는 심리학

제2장 자아와 이드

　병리학적 연구는 우리의 관심을 지나치게 억압된 것에만 집중시켰다. 자아 또한 진정한 의미에서 무의식적일 수 있다는 것을 알게 된 이후로, 우리는 자아에 대해 더 많이 알고 싶어한다. 지금까지 우리 연구에서 유일한 의존처는 의식적이거나 무의식적이라는 표지였는데, 결국 우리는 이것이 얼마나 애매모호할 수 있는지를 보았다.

　이제 우리의 모든 지식은 항상 의식에 결부되어 있다. 무의식도 우리가 그것을 의식화함으로써만 알 수 있다. 그런데 잠깐, 어떻게 그것이 가능한가? 무언가를 의식화한다는 것은 무엇을 의미하는가? 어떻게 그런 일이 일어날 수 있는가? 우리는 이미 여기서 어디에 연결고리를 찾아야 하는지 알고 있다. 우리는 의식이 정신장치의 표면이라고 말했다. 즉, 우리는 의식을 하나의 체계에 기능으로 귀속시켰는데, 이 체계는 공간적으로 외부 세계와 가장 먼저 맞닿아 있다. '공간적'이라는

말은 기능적 의미일 뿐 아니라 해부학적 의미로도 그렇다.[1†]
우리의 연구도 이 지각하는 표면을 출발점으로 삼아야 한다.

처음부터 모든 지각은 의식적이다. 즉 외부로부터 오는 지각들(감각지각)과 내부로부터 오는 것들, 우리가 감정이나 느낌이라고 부르는 것들이다. 그런데 우리가 대략적으로 '사고과정'이라 부를 수 있는 내적 과정들은 어떨까? 이런 과정들은 장치 내부 어딘가에서 행동으로 향하는 정신 에너지의 이동으로서 일어나는데, 과연 의식을 발생시키는 표면까지 도달하는 것일까? 아니면 의식이 그들에게로 가는 것일까? 우리는 이것이 정신적 사건을 공간적, 지형학적* 관념으로 진지하게 다루려고 할 때 나타나는 어려움 중 하나라는 것을 깨닫는다. 두 가지 가능성 모두 똑같이 생각하기 어렵다. 뭔가 제3의 경우가 있어야 한다.

나는 이미 다른 곳에서 『무의식』(1915)[2†]에서 다음과 같은 가정을 내놓았다. 무의식 관념과 전의식 관념(하나의 사고) 사이의 진정한 차이는 다음과 같다는 것이다. 전자는 무

1† 『쾌락 원칙을 넘어서』 참조.
*　정신을 지도처럼 구역으로 나누어 보는 방식
2† 무의식. 정신분석학 국제 학술지, 제3권, 1915년 (또한: 신경증 이론에 관한 소논문 모음집, 제4집, 1918년)

엇인지 알려지지 않은 어떤 물질에서 이루어지는 반면, 후자(전의식)에서는 언어관념과의 결합이 추가된다는 것이다. 여기서 처음으로 전의식과 무의식이라는 두 체계에 대해, 의식과의 관계와는 다른 특징들을 제시하려는 시도가 이루어졌다. "무언가가 어떻게 의식이 되는가?"라는 질문은 다음과 같이 바꾸어 묻는 것이 더 적절하다. "무언가가 어떻게 전의식이 되는가?" 그리고 그 대답은 "해당하는 언어관념들과의 결합을 통해서"가 될 것이다. 이러한 언어관념들은 기억의 잔재들이다. 그것들은 한때 지각이었으며, 모든 기억 잔재들처럼 다시 의식이 될 수 있다. 우리가 그것들의 본성에 대해 더 다루기 전에, 새로운 통찰처럼 우리에게 떠오르는 것이 있다. 의식이 될 수 있는 것은 이미 한때 의식적 지각이었던 것뿐이며, 감정을 제외하면 내부에서 의식되려는 것은 외부 지각으로의 전환을 시도해야 한다는 것이다. 이것은 기억 흔적들을 통해 가능해진다.

  기억 잔재들은 직접적으로 지각-의식 체계에 인접한 체계들에 포함되어 있다고 우리는 생각한다. 따라서 그 체계들의 에너지가 내부에서부터 지각-의식 체계의 요소들로 쉽게 이어질 수 있다. 여기서 우리는 곧바로 환각과 다음의 사실을 떠올리게 된다. 가장 생생한 기억조차 여전히 환각이나 외부 지각과는 구별된다는 사실 말이다. 그러나 이에 대한 해답도 바로 나타난다. 기억이 되살아날 때는 기억 체계에 에너지가 남아 있지만, 지각과 구별할 수 없는 환각이 생길 때는 에너지가 기억 흔적에서 지각 요소로 넘어가는 것이 아니라 완전히 그쪽으로 이동할 때라는 것이다.

언어잔재들은 본질적으로 청각적 지각에서 나온다. 따라서 이를 통해 전의식 체계에 특별한 감각적 기원이 주어진다고 할 수 있다. 언어관념의 시각적 구성요소들은 부차적인 것으로, 읽기를 통해 획득되는 것이므로 일단 무시할 수 있다. 마찬가지로 언어의 운동상[1*]도 농아가 아닌 경우에는 보조적 표시의 역할을 할 뿐이므로 역시 무시할 수 있다. 결국 언어란 본질적으로 들었던 말의 기억잔재인 것이다.

단순화를 핑계로 사물들의 시각적 기억 잔재의 의미를 망각하거나 부정해서는 안 된다. 또한 사고과정이 시각적 잔재로 돌아가는 것을 통해 의식화되는 것이 가능하며, 많은 사람들에게서 이것이 더 선호되는 것으로 보인다는 사실도 부정해서는 안 된다. 이러한 시각적 사고의 특성에 대해서는 J. 바렌돈크[2*]의 관찰에 따른 꿈과 전의식적 환상에 대한 연구를 통해

[1*] 말할 때의 입술이나 혀의 움직임을 떠올리는 것
[2*] Julien Varendonck, 1879-1924, 벨기에 심리학자, 정신분석가. 백일몽과 전의식적 사고 과정에 관한 연구로 알려짐. 주저 『백일몽의 심리학』(The Psychology of Day-Dreams, 1921)에서 자기 관찰을 통해 전의식적 환상과 시각적 사고의 특성을

어느 정도 알 수 있다. 이런 경우 대부분 사고의 구체적 내용만이 의식화되고, 사고를 특별히 특징짓는 관계들에 대해서는 시각적 표현이 주어질 수 없다는 것을 알게 된다. 따라서 이미지로 사고하는 것은 매우 불완전한 의식화에 지나지 않는다. 그것은 또한 어떤 면에서 무의식적 과정들에 더 가깝고, 개체발생적[1*]으로도 계통발생적[2*]으로도 언어적 사고보다 의심할 여지없이 더 오래된 것이다.

그러므로 우리의 논증으로 돌아가서, 만약 이것이 본래 무의식적인 무언가가 전의식이 되는 방식이라면, "우리가 어떻게 억압된 것을 (전)의식으로 만드는가?"라는 질문에 대한 답은 다음과 같다. 분석적 작업을 통해 그러한 전의식적 중간 연결고리들을 만들어내는 것이다. 의식은 그 자리에 그대로 있고, 또한 전의식이 의식으로 상승하는 것도 아니다. 외부 지각과 자아의 관계는 아주 명백하지만, 내부 지각과 자아의 관계는 특별한 탐구를 요구한다. 이는 다시 한번 다음과 같은 의문을 불러일으킨다. 모든 의식을 하나의 표면적 체계인 지각-의식에 연결시키는 것이 정말로 옳은 일인가 하는 의문 말이다.

탐구했으며, 프로이트는 이 연구에 서문을 썼다.
1*   개인의 발달과정
2*   종족의 진화과정

내부 지각은 정신장치의 다양한 층들, 분명히 가장 깊은 층들로부터의 과정들에 대한 감각들을 만들어낸다. 이러한 감각들은 잘 알려져 있지 않으며, 그 가장 좋은 모델로는 여전히 쾌-불쾌 계열의 것들이 해당될 수 있다. 이것들은 외부로부터 오는 것들보다 더 원시적이고 기본적이며, 의식이 흐릿해진 상태에서도 생겨날 수 있다. 이것들의 더 큰 경제적 의미와 그에 대한 메타심리학적 근거에 대해서는 나는 다른 곳에서 언급한 바 있다. 이러한 감각들은 외부 지각들처럼 다중 위치적이며, 동시에 서로 다른 곳들로부터 올 수 있고 그러면서 서로 다른, 심지어 상반된 성질들을 가질 수 있다.

쾌 성격을 지닌 감각들은 그 자체로는 절박한 것이 없지만, 불쾌 감각들은 최고도로 절박하다. 이러한 불쾌 감각들은 변화와 발산을 강요하며, 그래서 우리는 불쾌를 에너지 점유의 증가로, 쾌를 에너지 점유의 감소로 해석한다. 쾌와 불쾌로서 의식되는 것을 정신적 과정에서의 양적-질적 변화라고 부른다면, 그러한 변화가 그 자리에서 의식될 수 있는 것인지 아니면 지각-의식 체계까지 전달되어야 하는 것인지가 문제가 된다.

임상 경험이 후자를 뒷받침한다. 임상 경험은 이 '다른 것'이 억압된 충동처럼 행동한다는 것을 보여준다. 그것은 자아가 강제를 눈치채지 못하는 상황에서도 추진력을 발휘할 수 있다. 오직 강제에 대한 저항, 즉 배출반응을 저지할 때에만 이 '다른 것'이 즉시 불쾌로서 의식화된다. 욕구긴장과 마찬가지로, 고통도 무의식적으로 남아있을 수 있다. 고통은 외부 지각과 내부 지각 사이의 중간적인 것으로서, 외부 세계에서 나온 것이라고 해도 내부 지각처럼 행동한다. 따라서 감각과 감정도 W 체계에 도달함으로써만 의식이 된다는 것이 옳다. 만약 전달이 차단된다면, 그것들은 감각으로서 성립되지 않는다. 비록 흥분 경과에서 그것들에 상응하는 '다른 것'은 동일하다고 해도 말이다. 우리는 줄여서 '무의식적 감각'이라고 말하는데, 이는 완전히 정확하지 않다. 우리는 무의식적 관념과의 유사성을 고수하지만, 이는 완전히 정당화되지 않는다. 차이점은 다음과 같다. 무의식적 관념의 경우에는 그것을 의식으로 가져오기 위해 먼저 연결고리들이 만들어져야 한다. 반면 직접 전달되는 감각의 경우에는 그러한 과정이 필요 없다. 다시 말해서 의식과 전의식의 구별은 감각에는 적용되지 않으며, 여기서는 전의식 단계가 없다. 감각은 의식적이거나 무의식적이거나 둘 중 하나이다. 감각이 언어관념에 결합되더라도, 그 의식화를 언어관념에 빚지는 것이 아니라 직접적으로 의식화되는 것이다. 이제 언어관념의 역할이 완전히 명확해진다. 언어관념의 매개를 통해 내적 사고과정들이 지각으로 만들어진다. 이는 마치 "모든 지식은 외부 지각에서 나온다"는 명제를 증명하려는 것 같다. 사고가 과다점유*될 때, 생각들은 실제로 —마치 외부에서 오는 것처럼— 지각되며 따라서 참된 것으로 여겨진다.

외부 지각과 내부 지각, 그리고 표면 체계 W-Bw 사이의 관계가 이렇게 명확해진 후, 우리는 자아에 대한 우리의 개념을 확장해나갈 수 있다. 우리는 자아가 W 체계를 그 핵심으로 하여 출발하고, 처음에는 기억 잔재에 기대고 있는 전의식을 포함한다는 것을 본다. 그러나 자아는 우리가 알게 된 바와 같이 무의식적이기도 하다.

이제 나는 우리가 한 저자의 제안을 따른다면 큰 이익을 얻을 것이라고 생각한다. 이 저자는 개인적 동기에서 자신은 엄격한 과학과는 무관하다고 거듭 강조한다. 나는 G. 그로데크를 말하는 것인데, 그는 계속해서 강조하기를, 우리가 자아라고 부르는 것은 삶에서 본질적으로 수동적으로 행동하며, 그의 표현을 빌리면 우리는 알려지지 않고 통제할 수 없는 힘들에 의해 "살아지고" 있다는 것이다.† 우리 모두는 같은 인상

---

* 정신 에너지가 과도하게 집중되는 상태

† G. 그로데크*(Georg Groddeck, 1866-1934: 독일 의사, 심리신체의학의 선구자. "이드(Es, 그것)"라는 개념을 프로이트보다 먼저 사용.『그것에 관한 책』(Das Buch vom Es, 1923)에서 인간이 무의식적 "그것"에 의해 살아진다는 사상을 전개. 프로이트는 이 개념을 받아들여 구조이론의 핵심 개념으로 발전시켰다.)『그것에 관한 책

들을 받아왔는데, 비록 그것들이 다른 모든 것들을 배제할 정도로 우리를 압도하지는 않았지만 말이다. 그리고 우리는 그로데크의 통찰을 과학 체계 안에 자리매김하려 한다. 나는 다음과 같이 제안한다. 이를 고려하여 W 체계로부터 출발하는 존재로서 처음에는 전의식인 것을 자아라고 부르고, 그 이후 무의식처럼 작동하는 다른 정신적 영역은 그로데크의 용법을 따라 이드[1*]라고 부르자.[†]

우리는 이 관점이 기술과 이해에 도움이 될지 곧 알게 될 것이다. 이제 개체는 우리에게 심리적 이드로서, 알려지지 않은 채 무의식적인 것으로 나타난다. 이 이드 위에 자아가 표면적으로 얹혀 있으며, W 체계를 핵심으로 하여 발전한 것이다. 도식적 표현을 시도한다면, 자아가 이드를 완전히 감싸는 것이 아니라 단지 W 체계가 이드의 표면을 이루는 한에서만 감싼다고 덧붙일 수 있다. 이는 마치 배반엽[2*]이 알에 올라앉아 있는 것과 같다. 자아는 이드와 날카롭게 구분되지 않으며, 아래

(Das Buch vom Es)』. 국제 정신분석 출판사, 1923년.
[1*] 원시적 충동과 욕구가 자리한 정신의 영역
[†] 그로데크 자신은 아마도 니체의 본보기를 따른 것 같다. 니체에게서 이 문법적 표현은 우리 존재에서 비개인적이고 말하자면 자연필연적인 것을 가리키는 데 완전히 통용되고 있다.
[2*] 배아의 초기 단계에서 형성되는 세포층

쪽으로 흘러가며 이드와 합쳐진다.

그러나 억압된 것도 이드와 함께 흘러간다. 억압된 것은 이드의 한 부분일 뿐이다. 억압된 것은 억압 저항에 의해서만 자아로부터 날카롭게 구분될 뿐, 이드를 통해서는 자아와 소통할 수 있다. 우리는 즉시 깨닫게 된다. 우리가 병리학의 자극을 받아 기술했던 거의 모든 구분들은 오직 정신 장치의 표면적 층들—우리에게만 알려진—에만 관련된다는 것을. 우리는 이런 관계들을 하나의 도해로 그릴 수 있을 것이다. 물론 그 윤곽들은 단지 표현을 위한 것일 뿐이며, 특별한 해석을 요구해서는 안 된다. 대충 덧붙이자면, 자아는 하나의 '청각모[*]'를 쓰고 있는데, 뇌해부학의 증거에 따르면 한쪽에만 쓰고 있다. 말하자면 자아에게 비스듬히 씌워져 있다.

자아가 W-Bw 체계를 매개로 한 외부 세계의 직접적 영향으로 변화된 이드의 한 부분이라는 것은 쉽게 알 수 있다. 자아는 말하자면 표면 분화의 연속이다. 자아는 또한 외부 세계의 영향을 이드에게 미치게 하고 그 의도를 관철시키려고 노력하며, 이드에서 무제한으로 지배하고 있는 쾌락 원칙 대신에 현실원칙을 세우려고 애쓴다. 지각이 자아에게 하는 역할은 이

---

[*] 소리를 듣는 기관

드에서 충동이 하는 역할과 같다. 자아는 이성과 신중함이라고 부를 수 있는 것을 대표하며, 이는 정념들을 담고 있는 이드와 대조된다. 이 모든 것은 널리 알려진 통속적 구분들과 일치하지만, 단지 평균적이거나 이상적으로만 옳다고 이해해야 한다.

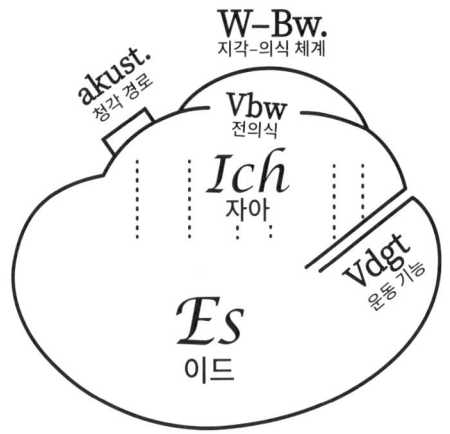

이 도해는 정신 장치의 위상학적 구조를 보여준다. 자아(Ich)는 이드(Es)의 표면 분화로서, 명확한 경계 없이 이드 위에 놓이며 하부에서 이드와 연속된다. 자아의 상단은 지각-의식 체계(W-Bw.)와 접하여 외부 세계와의 접촉면을 형성한다. akust.(청각)는 본문의 '청각모'에 해당하는 감각 자극 유입 경로이며, 점선의 Vbw.(전의식)은 의식과 무의식을 매개하는 영역이다. 억압된 것은 이드의 일부로서 억압 저항에 의해 자아로부터 차단되어 있으나, 이드를 통해 간접적으로 자아와 소통할 수 있다. 프로이트가 강조했듯이, 이 윤곽들은 공간적 실체가 아닌 기능적 관계를 표현한 것이다.

자아의 기능적 중요성은 운동성에 대한 통로를 지배하는 권한이 정상적으로 자아에게 맡겨져 있다는 점에서 드러난다. 이는 이드에 대한 자아의 관계가 기수가 말의 우월한 힘을 제어해야 하는 것과 같다. 다만 기수는 자신의 힘으로 이를 시도하지만, 자아는 빌린 힘으로 한다는 차이가 있다. 이 비유는 좀 더 확장될 수 있다. 기수가 말과 분리되고 싶지 않다면, 종종 말이 가고자 하는 곳으로 이끌어야 하는 것 외에 다른 선택이 없는 것처럼, 자아도 이드의 의지를 마치 자신의 것인 양 행동으로 옮기는 것이 상례다.

자아의 발생과 이드로부터의 분리에는 W 체계의 영향 외에 또 다른 요소가 작용한 것 같다. 자신의 몸, 특히 그 표면은 동시에 외부 지각과 내부 지각이 일어날 수 있는 장소이다. 몸은 다른 대상처럼 보이지만, 촉각에는 두 가지 감각을 제공하며, 그 중 하나는 내부 지각과 같을 수 있다. 정신생리학에서는 자신의 몸이 지각 세계에서 어떻게 돋보이게 되는지 충분히 논의되어 왔다. 통증도 여기서 역할을 하는 것 같으며, 고통스러운 질병 시에 자신의 장기들에 대한 새로운 지식을 얻게 되는 방식은 아마도 일반적으로 자신의 몸에 대한 표상을 갖게 되는 방식의 전형일 것이다.

자아는 무엇보다도 신체적인 것이다. 자아는 단지 표면적 존재가 아니라 바로 표면의 투사[1*] 자체이다. 자아를 위해 해부학적 비유를 찾는다면, 해부학자들이 말하는 '뇌소인[2*]'과 가장 잘 일치시킬 수 있을 것이다. 이 뇌소인은 뇌피질에서 머리를 아래로 하고 서 있으며, 발뒤꿈치를 위로 뻗고, 뒤를 바라보고 있고, 알려진 바와 같이 왼쪽에 언어영역을 지니고 있다.

자아와 의식의 관계는 여러 번 검토되어 왔지만, 여기에서는 몇 가지 중요한 사실들을 새롭게 설명해야 한다. 우리는 사회적이거나 윤리적 가치 판단의 관점을 어디든 가지고 다니는 데 익숙해져 있기 때문에, 낮은 정념들의 활동이 무의식에서 이루어진다는 말을 들어도 놀라지 않는다. 그리고 우리는 정신적 기능들이 이러한 가치 판단에서 높게 평가될수록 의식에 더 쉽고 확실하게 접근할 것이라고 기대한다. 그러나 여기에서 정신분석적 경험은 우리를 실망시킨다. 한편으로 우리에게는 이런 증거들이 있다. 평소 긴장된 사고를 요구하는 섬세하고 어려운 지적 작업조차도 의식에 도달하지 않고도 전의식적으로[3*] 수행될 수 있다는 것이다. 이런 경우들은 전혀 의심할 여지가 없으며, 예를 들어 수면 상태에서 일어나는데, 어떤 사

1*   신체 표면의 감각이 정신에 반영된 것
2*   대뇌피질에서 신체 각 부위가 차지하는 영역을 형상화한 것
3*   의식과 무의식 사이의 중간 단계에서

람이 깨어난 직후 전날 헛되이 애썼던 어려운 수학 문제나 다른 문제의 해답을 알게 된다는 사실로 나타난다.†

하지만 더욱 당황스러운 것은 또 다른 경험이다. 우리는 분석 과정에서 자기비판과 양심, 즉 극히 높은 가치를 지닌 정신적 기능들이 무의식적이며, 무의식적인 상태에서 가장 중요한 영향을 미치는 경우가 있음을 알게 된다. 따라서 분석에서 저항*이 무의식에 머물러 있는 것은 결코 이런 종류의 유일한 상황이 아니다. 하지만 우리의 더 나은 비판적 통찰에도 불구하고 무의식적 죄책감에 대해 말하지 않을 수 없게 만드는 새로운 경험은 우리를 훨씬 더 혼란스럽게 하고 새로운 수수께끼들을 안겨준다. 특히 그러한 무의식적 죄책감이 매우 많은 신경증에서 경제적으로 결정적인 역할을 하며 치료에 가장 강력한 장애물을 놓는다는 것을 점차 짐작하게 될 때 더욱 그렇다. 우리의 가치 척도로 돌아가려면 이렇게 말해야 한다. 자아에서 가장 깊은 것뿐만 아니라 가장 높은 것도 무의식적일 수 있다는 것이다. 이는 마치 우리가 앞서 의식적 자아에 대해 말한 것, 즉 그것이 무엇보다도 신체적 자아라는 점을 이런 방식으

---

† 이런 사례 하나가 최근에 나의 '꿈 작업(Traumarbeit)' 기술에 대한 반박으로서 내게 보고되었다.
* 환자가 무의식적으로 치료를 거부하는 현상

로 입증해 주는 듯하다.

제3장 자아와 초자아 (자아이상)

만약 자아가 지각체계의 영향에 의해 변화된 이드의 일부분이자 정신 내에서 실제 외부세계의 대표자일 뿐이라면, 우리는 단순한 사실관계만을 다루면 될 것이다. 그러나 여기에 다른 것이 덧붙여진다.

우리가 자아 안에서 한 단계를 가정하게 된 동기들, 즉 자아 안에서 자아이상 또는 초자아라고 불러야 할 분화를 가정하게 된 동기들은 다른 곳에서 설명되었다.[1] 그 동기들은 타당하다.[2] 자아의 이 부분이 의식과 덜 고정된 관계를 가진다는 점

---

[1] 『나르시시즘 입문』, 『집단심리학과 자아분석』
[2] 다만 내가 현실검증 기능을 이 초자아에 배정한 것은 잘못된 것 같으며 수정이 필요하다. 현실검증이 자아 자신의 과제로 남아있다면, 이는 자아와 지각세계의 관계에 완전히 부합할 것이다. 또한 자아의 핵에 대한 이전의 상당히 불명확했던 언급들도 이제 다음과 같이 수정되어야 한다: 오직 W-Bw 체계만이 자아의 핵으로 인정되어야 한다는 것이다.

은 설명이 필요한 새로운 지점이다.[1*]

여기서 우리는 좀 더 넓게 살펴봐야 한다. 우리는 멜랑콜리의 고통스러운 괴로움을 다음과 같은 가정으로 설명하는 데 성공했다: 잃어버린 대상이 자아 안에서 다시 세워지고, 따라서 대상투자[2*]가 동일시[3*]로 대체된다는 것이다[†]. 그때 우리는 이 과정의 전체적인 의미를 아직 인식하지 못했고, 이것이 얼마나 빈번하고 전형적인지도 알지 못했다. 그 후 우리는 그러한 대체가 자아의 형성에 큰 몫을 차지하며 그 사람의 성격이라고 불리는 것을 만들어내는 데 본질적으로 기여한다는 것을 이해하게 되었다.

개체의 원시적인 구강기 단계에서는 대상투자와 동일시가 서로 구별되지 않았을 것이다. 나중에는 대상투자들이 이드로

1* 초자아(Über-Ich): 프로이트의 구조이론에서 도덕적 심급을 담당하는 정신 구조. 부모와 사회의 금지와 명령을 내면화한 양심과 죄책감의 원천으로, 자아를 감시하고 처벌하는 기능을 한다. 자아이상(Ich-Ideal): 자아가 되고 싶어 하는 이상적 모습으로, 나르시시즘적 완전성 추구와 관련된다. 초자아가 "~하면 안 된다"는 금지 기능이라면, 자아이상은 "~이 되어야 한다"는 이상 추구 기능이다. 두 개념은 밀접히 관련되어 있으며, 때로 초자아의 하위 개념으로 자아이상이 포함되기도 한다.
2* Objektbesetzung, object-cathexis: 리비도나 정신 에너지가 특정 대상(사람, 사물, 표상)에 집중·투입되는 것. 독일어 'Besetzung'은 '점유' 또는 '충진'을 의미하나, 국내 학계에서는 에너지의 역동적 이동을 강조하여 '투자'로 번역한다. 반대 개념은 '탈투자'(Entbesetzung)
3* 자신을 다른 사람과 같다고 여기는 심리적 과정
† 『애도와 멜랑콜리』

부터 나온다고 가정할 수밖에 없는데, 이드는 에로스적 욕동들을 욕구로서 느끼기 때문이다. 처음에는 아직 약했던 자아는 대상투자들을 알게 되고, 이를 받아들이거나 억압이라는 과정을 통해 방어하려고 한다.†

그런 성적 대상을 포기해야 하거나 포기하게 되는 경우, 그 대신 자주 자아의 변화가 일어나는데, 이를 멜랑콜리에서와 같이 대상을 자아 안에서 세워 두는 것으로 설명해야 한다. 이러한 대체의 자세한 관계는 아직 우리에게 알려져 있지 않다. 아마도 자아는 이러한 내사*를 통해 대상의 포기를 쉽게 하거나 가능하게 하는 것 같은데, 이는 구강기 단계의 메커니즘으로의 일종의 퇴행이다. 아마도 이러한 동일시가 전반적으로 이드가 자신의 대상들을 포기하는 조건일 것이다. 어쨌든 이 과정은 특히 초기 발달단계에서 매우 빈번하며, 자아의 성격이 포기된 대상투자들의 침전물이고 이러한 대상선택들의 역

---

† 대상선택을 동일시로 대체하는 것과 흥미로운 유사성을 보여주는 것이 원시인들의 믿음인데, 그들은 음식으로 몸에 받아들인 동물의 속성이 그것을 먹는 자의 성격으로 남아있을 것이라고 믿으며, 이에 근거한 금기들이 있다. 이 믿음은 알려진 바와 같이 식인 풍습의 근거에도 포함되어 있으며, 토템 제물*(원시 종족이 자신들의 수호신인 토템 동물을 제물로 바치는 의식) 관습에서 신성한 성찬에 이르는 일련의 관습들 속에서 계속 작용하고 있다. 여기서 구강적 대상 장악에 귀속되는 결과들은 후기의 성적 대상선택에서 실제로 나타난다.

* 외부 대상을 자아 내부로 받아들이는 심리적 과정

사를 담고 있다는 견해를 가능하게 할 수 있다. 물론 처음부터 한 사람의 성격이 에로스적 대상선택들의 역사로부터 나오는 이러한 영향들을 어느 정도까지 방어하거나 받아들이는지에 대한 저항능력의 척도를 인정해야 한다. 많은 연애 경험을 가진 여성들의 경우, 그들의 대상투자의 잔재들을 그들의 성격 특징에서 쉽게 증명할 수 있다고 여겨진다. 대상투자와 동일시의 동시성, 즉 대상이 포기되기 전에 성격변화가 일어나는 것도 고려해볼 수 있다. 이 경우 성격변화가 대상관계보다 더 오래 지속되어 어떤 의미에서 그것을 보존할 수 있을 것이다.

다른 관점에서 보면, 이러한 에로스적 대상선택을 자아변화로 전환하는 것은 자아가 이드를 지배하고 이드와의 관계를 심화시킬 수 있는 방법이기도 하다. 다만 이는 이드의 경험들에 대한 광범위한 순응을 대가로 치러야 한다. 자아가 대상의 특징들을 받아들일 때, 자아는 말하자면 자기 자신을 이드에게 사랑의 대상으로 내세우며, 이렇게 말함으로써 이드의 상실을 보상해주려고 한다: "봐라, 너는 나도 사랑할 수 있어, 나는 그 대상과 너무나 닮았으니까."

여기서 일어나는 대상리비도[1*]를 나르시시즘적 리비도[2*]로

1* 타인을 향한 성적 에너지
2* 자신을 향한 성적 에너지

전환하는 것은 분명히 성적 목표의 포기, 즉 탈성화를 수반하며, 따라서 일종의 승화*를 가져온다. 실제로 여기서 더 자세한 연구가 필요한 문제가 제기된다: 이것이 승화로 가는 일반적인 길이 아닌가, 모든 승화가 자아의 중개를 통해 일어나는 것이 아닌가 하는 문제이다. 즉 자아가 먼저 성적 대상리비도를 나르시시즘적 리비도로 변환한 다음, 그것에 다른 목표를 설정해주는 것이 아닐까.† 이러한 변환이 다른 욕동의 운명들, 예를 들어 서로 융합되어 있던 다양한 욕동들의 분해를 가져올 수 있는지는 나중에 다루어야 할 문제이다.

우리의 목표에서 벗어나는 것이긴 하지만 피할 수 없는 일로서, 자아의 대상동일시들에 대해 잠깐 주의를 기울여보자. 이러한 동일시들이 지나치게 많아지고, 너무 강해지며, 서로 양립할 수 없게 되면 병적인 결과가 나타날 가능성이 높다. 개별적인 동일시들이 서로에 대한 저항을 통해 분리되면서 자아의 분열이 일어날 수 있으며, 아마도 소위 다중인격이라고 불리는 사례들의 비밀은 개별적인 동일시들이 번갈아가며 의식을 장악한다는 데 있을 것이다. 그 정도까지 이르지 않더라도,

---

* 성적 충동을 문화적, 사회적으로 가치 있는 활동으로 전환
† 나르시시즘 개념 도입 이후 자아와 이드의 구분에 따라, 이제 우리는 이드를 리비도의 거대한 저장소로 인정해야 한다. 앞서 설명한 동일시를 통해 자아로 흘러드는 리비도는 자아의 "이차적 나르시시즘"을 형성한다.

자아가 분해되는 여러 동일시들 간의 갈등이라는 주제가 나타나는데, 이러한 갈등들을 결국 모두 병적인 것으로 규정할 수는 없다.

하지만 포기된 대상투자들의 영향에 대한 성격의 후기 저항이 어떻게 형성되든, 가장 이른 시기에 이루어진 첫 번째 동일시들의 작용은 일반적이고 지속적인 것이 될 것이다. 이는 우리를 자아이상의 기원으로 되돌아가게 한다. 왜냐하면 자아이상 뒤에는 개인의 첫 번째이자 가장 중요한 동일시가 숨어 있기 때문인데, 이는 개인적 선사시대의 아버지와의 동일시이다.† 이러한 동일시는 우선 대상투자의 결과나 산물이 아닌 것처럼 보인다. 이는 직접적이고 즉각적이며 모든 대상투자보다 이른 것이다. 그러나 첫 번째 성적 시기에 속하며 아버지와 어머니를 대상으로 하는 대상선택들은 정상적인 경과에서 그러한 동일시로 귀결되는 것 같으며, 따라서 원초적 동일시를 강화하는 것이다.

그런데도 이러한 관계들은 너무나 복잡해서 더 자세히 설명

---

† 아마도 부모라고 말하는 것이 더 신중할 것이다. 왜냐하면 성차에 대한 확실한 인식, 즉 페니스 결여에 대한 인식 이전에는 아버지와 어머니가 다르게 평가되지 않기 때문이다. 한 젊은 여성의 사례에서 나는 최근에 그녀가 자신의 페니스 결여를 발견한 이후, 이 기관의 소유를 모든 여성이 아니라 단지 열등하다고 여겨지는 여성들에게만 부정했다는 것을 알 기회가 있었다. 어머니는 그녀의 생각으로는 그것을 가지고 있다. 더 간단한 설명을 위해 나는 아버지와의 동일시만을 다루겠다.

할 필요가 있다. 이러한 복잡성을 야기하는 두 가지 요인이 있는데, 오이디푸스 관계의 삼각적 구조와 개인의 체질적 양성성[1*]이다.

  남성 아동의 경우 단순화된 사례는 다음과 같이 진행된다: 아주 이른 시기에 아동은 어머니에 대한 대상투자를 발달시키는데, 이는 어머니의 젖가슴에서 시작되어 기댐형[2*] 대상선택의 전형적인 예를 보여준다. 아버지에 대해서는 소년이 동일시를 통해 자신의 것으로 만든다. 이 두 관계는 한동안 나란히 진행되다가, 어머니에 대한 성적 욕망이 강화되고 아버지가 이러한 욕망에 장애물이라는 것을 인식하게 되면서 오이디푸스 컴플렉스가 발생한다.[†] 이제 아버지 동일시는 적대적인 색조를 띠게 되며, 아버지를 제거하여 어머니 곁에서 그를 대신하고자 하는 욕망으로 변한다. 이때부터 아버지와의 관계는 양면적이 된다. 마치 동일시에 처음부터 포함되어 있던 양면성[3*]이 드러난 것처럼 보인다. 아버지에 대한 양면적 태도와 어머니에 대한 단순히 애정적인 대상추구는 소년에게 있어서

1*   남성적 특성과 여성적 특성을 모두 가지고 있는 성향
2*   생존 욕구에 기반한 애착 방식
†   『집단심리학과 자아분석』참조
3*   같은 대상에 대해 사랑과 미움을 동시에 느끼는 감정

단순하고 적극적인 오이디푸스 컴플렉스의 내용을 구성한다.

오이디푸스 컴플렉스가 붕괴할 때 어머니에 대한 대상투자는 포기되어야 한다. 그 자리에는 두 가지 중 하나가 올 수 있는데, 어머니와의 동일시이거나 아버지 동일시의 강화이다. 후자를 우리는 보통 더 정상적인 경과로 본다. 이는 어머니에 대한 애정적 관계를 어느 정도 유지하는 것을 가능하게 한다. 오이디푸스 컴플렉스의 소멸을 통해 소년의 성격에서 남성성이 공고해지는 것이다. 완전히 유사한 방식으로 어린 소녀의 오이디푸스적 태도는 어머니 동일시의 강화(또는 그러한 동일시의 형성)로 귀결될 수 있으며, 이것이 아이의 여성적 성격을 확정한다.

이러한 동일시들은 우리의 기대와 일치하지 않는다. 왜냐하면 포기된 대상을 자아 속으로 내사하지 않기 때문이다. 다만 이러한 결과가 나타나는 경우도 있으며, 소년보다 소녀에게서 더 쉽게 관찰된다. 분석을 통해 매우 자주 알게 되는 것은, 어린 소녀가 아버지를 사랑의 대상으로 포기해야 한 후에, 이제 자신의 남성성을 드러내며 어머니가 아니라 아버지, 즉 잃어버린 대상과 동일시한다는 것이다. 이때 명백히 중요한 것은 그녀의 남성적 소질이 충분히 강한가 하는 것인데, 이것이 구체적으로 무엇으로 구성되든 말이다.

따라서 오이디푸스 상황이 아버지 동일시나 어머니 동일시로 귀결되는 것은 양성 모두에게서 두 성적 소질의 상대적 강도에 달려 있는 것 같다. 이것이 양성성이 오이디푸스 컴플렉스의 운명에 개입하는 한 가지 방식이다. 다른 방식은 훨씬 더 중요하다.

실제로 단순한 오이디푸스 컴플렉스가 결코 가장 흔하지는 않으며, 오히려 단순화나 도식화에 해당한다는 인상을 받게 된다. 물론 이러한 단순화는 실용적으로 충분히 정당화되는 경우가 많다. 더 철저한 조사를 해보면 대개 더 완전한 오이디푸스 컴플렉스가 드러나는데, 이것은 이중적인 것으로서 긍정적인 것과 부정적인 것이 있으며, 아동의 원초적 양성성에 달려 있다. 즉, 소년은 아버지에 대해 양면적 태도를 보이고 어머니를 애정 대상으로 선택할 뿐만 아니라, 동시에 소녀처럼 행동하기도 한다. 그는 아버지에 대해 애정적이고 여성적인 태도를 보이며, 이에 상응하는 질투적이고 적대적인 태도를 어머니에게 보인다. 이러한 양성성의 개입이 원시적 대상선택과 동일시의 관계를 꿰뚫어 보는 것을 그토록 어렵게 만들며, 이를 쉽게 서술하는 일도 더욱 어렵게 만든다. 부모 관계에서 확인되는 양면성이 전적으로 양성성과 관련되어야 하며, 내가 앞서 서술한 것처럼 동일시에서 경쟁적 입장을 통해 발달되는 것이 아닐 수도 있다.

내가 생각하기로는 일반적으로, 특히 신경증 환자들에게는 완전한 오이디푸스 컴플렉스의 존재를 가정하는 것이 좋다. 그러면 분석 경험을 통해 여러 사례에서 그 구성 요소 가운데 어느 하나가 거의 눈에 띄지 않을 정도로 사라지는 것을 알 수 있는데, 이렇게 해서 하나의 연속체가 생긴다. 그 한쪽 끝에는 정상적이고 긍정적인 오이디푸스 컴플렉스가 있고, 다른 쪽 끝에는 뒤바뀐 부정적인 오이디푸스 컴플렉스가 있으며, 중간 부분들은 두 구성 요소가 불평등하게 관여하는 완전한 형태를 보여준다. 오이디푸스 컴플렉스가 붕괴할 때, 그 안에 포함된 네 가지 충동은 서로 결합하여 아버지 동일시와 어머니 동일시를 만들어낸다. 아버지 동일시는 긍정적 컴플렉스의 어머니 대상을 유지하는 동시에 뒤바뀐 컴플렉스의 아버지 대상을 대체할 것이다. 어머니 동일시의 경우도 마찬가지이다. 이 두 동일시의 서로 다른 강도의 표출에서 두 성적 소질의 불평등이 반영될 것이다.

따라서 오이디푸스 컴플렉스가 지배하는 성적 단계의 가장 일반적인 결과로서, 자아 안에 침전물이 생긴다고 가정할 수 있는데, 이것은 어떻게든 서로 조화를 이루는 이 두 동일시를 확립하는 것으로 구성된다. 이러한 자아의 변화는 특별한 지위를 유지하며, 자아의 다른 내용에 대해 자아이상이나 초자아로서 맞선다.

하지만 초자아는 단순히 이드의 최초 대상선택의 잔재가 아니라, 그것에 대한 강력한 반동형성*의 의미도 갖는다. 초자아의 자아에 대한 관계는 "너는 (아버지와) 같이 되어야 한다"는 권고에만 그치지 않고, "너는 (아버지와) 같이 되어서는 안 된다, 즉 아버지가 하는 모든 것을 해서는 안 된다. 어떤 것들은 아버지만의 특권이다"라는 금지도 포함한다. 자아이상의 이러한 이중적 성격은 자아이상이 오이디푸스 컴플렉스의 억압에 기여했으며, 실제로 바로 이 전환에 그 형성을 빚지고 있다는 사실에서 나온다. 오이디푸스 컴플렉스의 억압은 분명히 쉬운 과제가 아니었다. 부모, 특히 아버지가 오이디푸스적 소망의 실현에 대한 장애물로 인식되므로, 유아적 자아는 이러한 억압 작업을 위해 바로 그 장애물을 자신 안에 세움으로써 스스로를 강화했다. 자아는 말하자면 아버지로부터 그 힘을 빌려왔는데, 이러한 차용은 극히 중대한 결과를 가져오는 행위이다. 초자아는 아버지의 성격을 보존할 것이며, 오이디푸스 컴플렉스가 강할수록, 그리고 그 억압이 (권위, 종교 교육, 수업, 독서의 영향 하에) 더 급속히 일어날수록, 초자아는 나중에 양심으로서, 아마도 무의식적 죄책감으로서 자아를 더욱 엄격하게 지배하게 될 것이다. 초자아가 이러한 지배력을 어

---

*　원래 충동과 정반대의 행동이나 태도를 보이는 심리적 방어기제

디서 끌어오는지, 그리고 정언명령[1*]으로 나타나는 강박적 성격을 어디서 끌어오는지에 대해서는 나중에 추측을 제시할 것이다.

앞서 기술한 초자아의 형성 과정을 다시 살펴보면, 이것이 두 가지 극히 중요한 생물학적 요인의 결과임을 알 수 있다. 첫째는 인간의 긴 유아기 무력함과 의존성이고, 둘째는 오이디푸스 컴플렉스라는 사실인데, 우리는 이를 잠복기[2*]에 의한 리비도 발달의 중단, 즉 성생활의 이중 시기적 출발로 귀결시켜 왔다. 후자는 인간에게만 특유한 것으로 보이는 특성인데, 정신분석학 가설은 이를 빙하기가 문명을 강제하면서 형성된 계통발생적 유산으로 본다. 따라서 초자아가 자아로부터 분리되는 것은 우연한 일이 아니며, 이는 개체 발달과 종족 발달의 가장 중요한 특징들을 대변한다. 더 나아가 부모의 영향에 영속적인 표현을 부여함으로써, 초자아는 자신의 기원을 빚지고 있는 그 순간들의 존재를 영원히 지속시킨다.

정신분석학은 인간의 고차적이고 도덕적이며 개인을 초월하는 영역에 대해 신경 쓰지 않는다는 비난을 수없이 받아왔다. 이러한 비난은 역사적으로나 방법론적으로나 이중으로 부

1*   칸트 철학에서 조건 없이 절대적으로 따라야 하는 도덕적 명령
2*   성적 욕동이 억압되어 나타나지 않는 시기

당한 것이었다. 첫째로, 처음부터 자아의 도덕적이고 미학적인 성향들에 억압을 향한 추동력이 할당되었기 때문이고, 둘째로, 정신분석학적 연구는 완전하고 완성된 교리 체계를 가진 철학적 시스템처럼 등장할 수 없으며, 정상적이거나 비정상적인 현상들의 분석적 분해를 통해 정신적 복잡성의 이해로 가는 길을 단계적으로 개척해야만 한다는 점을 인식하지 못했기 때문이다. 우리는 정신생활에서 억압된 것들을 연구하는 일에 몰두해야 했던 동안에는, 인간 내부의 고차적인 것이 어떻게 될지에 대한 전전긍긍하는 걱정을 나눌 필요가 없었다. 이제 우리가 자아의 분석에 감히 착수하면서, 도덕적 의식이 흔들려 인간에게는 더 높은 존재가 있어야만 한다고 한탄해온 모든 사람들에게 이렇게 답할 수 있다: "물론이다, 그리고 이것이 바로 그 더 높은 존재, 즉 자아이상이나 초자아, 우리 부모 관계의 대표자이다. 어린 시절에 우리는 이러한 더 높은 존재들을 알고, 감탄하고, 두려워했으며, 나중에 그들을 우리 자신 안에 받아들였다."

따라서 자아이상은 오이디푸스 컴플렉스의 상속자이며, 이드의 가장 강력한 충동들과 가장 중요한 리비도 운명들의 표현이다. 자아이상을 세움으로써 자아는 오이디푸스 컴플렉스를 장악하는 동시에 자기 자신을 이드에 종속시켰다. 자아가 본질적으로 외부 세계, 즉 현실의 대표자인 반면, 초자아는 내부 세계, 즉 이드의 대변자로서 자아와 맞선다. 자아와 이상 사이의 갈등은, 우리가 이제 예상할 수 있듯이, 궁극적으로 실제와 정신적인 것, 외부 세계와 내부 세계의 대립을 반영할 것이다.

생물학과 인류의 운명이 이드 안에 창조하고 남겨놓은 것들은 이상형성을 통해 자아에 의해 승계되어 개별적으로 다시 체험된다. 자아이상은 그 형성 과정으로 인해 개인의 계통발생적 획득물, 즉 원시적 유산과 가장 광범위한 연결을 갖는다. 개별적 정신생활에서 가장 깊은 곳에 속했던 것이 이상형성을 통해 우리의 가치 기준에 따라 인간 영혼의 최고 지점이 된다. 하지만 자아이상을 자아와 같은 방식으로 국소화하거나, 자아와 이드의 관계를 모사하려고 시도한 우리의 비유들 중 하나에 끼워 맞추려는 시도는 헛된 노력일 것이다.

자아이상이 인간 내부의 더 높은 존재에게 요구되는 모든 조건들을 충족시킨다는 것을 보여주기는 쉽다. 아버지에 대한 그리움의 대체물로서, 자아이상은 모든 종교가 형성되어온 근원의 씨앗을 포함하고 있다. 자아를 그 이상과 비교할 때 느끼는 자신의 불완전함에 대한 판단은 겸손한 종교적 감정을 낳는데, 간절히 믿는 신앙인이 바로 이 감정에 호소하는 것이다. 발달의 더 나아간 과정에서 교사들과 권위자들이 아버지의 역할을 이어받았으며, 그들의 명령과 금지는 이상-자아 안에서 강력하게 남아 있어 이제 양심으로서 도덕적 검열을 행사한다. 양심의 요구와 자아의 성취 사이의 긴장은 죄책감으로 느껴진다. 사회적 감정들은 동일한 자아이상을 근거로 한 다른 사람들과의 동일시에 바탕을 둔다.

종교, 도덕, 그리고 사회적 감정—인간 내부의 고차적인 것들의 이러한 주요 내용들[1]—은 본래 하나였다. 『토템과 타부』의 가설에 따르면, 이것들은 계통발생학적으로 아버지 컴플렉스에서 획득되었는데, 종교와 윤리적 제약은 진정한 오이디푸스 컴플렉스의 극복을 통해, 사회적 감정들은 젊은 세대의 구성원들 사이에서 남은 경쟁 관계를 극복해야 하는 필요에 의해 형성되었다. 이 모든 윤리적 성취에서 남성이 앞서간 것으로 보이며, 교차 유전을 통해 여성에게도 이러한 특성이 전해졌다. 사회적 감정들은 오늘날에도 개인에게서 형제자매들에 대한 질투심 어린 경쟁 감정 위에 세워지는 상부구조로서 생겨난다. 적대감이 만족될 수 없기 때문에, 최초의 경쟁자와의 동일시가 이루어진다. 온건한 동성애자들에 대한 관찰은 이러한 동일시 또한 공격적–적대적 태도를 대신한 애정 어린 대상 선택의 대체물이라는 추정을 뒷받침한다.[2]

---

[1] 과학과 예술은 여기서 제외한다
[2] 『집단심리학과 자아분석』-『질투, 편집증, 동성애에서의 몇 가지 신경증적 기

하지만 계통발생학에 대한 언급과 함께 새로운 문제들이 떠오르는데, 이 문제들에 대한 답변을 앞에 두고는 주저하며 물러서고 싶어진다. 그러나 아마 어쩔 수 없을 것이다. 우리의 전체 노력이 갖는 불충분함을 드러내게 될까 봐 두렵더라도 시도해보지 않을 수 없다. 문제는 다음과 같다: 당시에 아버지 컴플렉스로부터 종교와 윤리를 획득한 것은 원시인의 자아였는가, 아니면 그의 이드였는가? 만약 자아였다면, 왜 우리는 단순히 자아에서의 유전에 대해 말하지 않는가? 만약 이드였다면, 그것이 이드의 성격과 어떻게 일치하는가? 아니면 자아, 초자아, 이드로의 분화를 그렇게 이른 시대로 가져가서는 안 되는 것인가? 아니면 자아 과정들에 대한 전체 개념이 계통발생학의 이해에 아무것도 기여하지 못하며 이에 적용될 수 없다는 것을 솔직히 인정해야 하는 것인가?

먼저 가장 쉽게 답할 수 있는 것부터 답해보자. 자아와 이드의 분화는 원시인뿐만 아니라 훨씬 더 단순한 생물들에게도 인정해야 하는데, 이는 외부 세계의 영향이 필요하게 나타나는 표현이기 때문이다. 초자아는 바로 토테미즘으로 이끄는 그러한 경험들로부터 생겨난다고 우리는 보았다. 자아가 그

제에 관하여』 참조

러한 경험들과 획득물들을 얻었는가, 아니면 이드가 얻었는가 하는 질문은 곧 자체적으로 무너진다. 다음 고찰이 우리에게 말해주는 바에 따르면, 이드는 자아를 통하지 않고서는, 즉 자아가 이드에게 외부 세계를 대변해주지 않고서는 어떤 외적 운명도 체험하거나 경험할 수 없다. 그러나 자아에서의 직접적인 유전에 대해서는 말할 수 없다. 여기서 실제 개체와 종족의 개념 사이의 간극이 나타난다. 또한 자아와 이드의 차이를 너무 경직되게 받아들여서는 안 되며, 자아가 이드의 특별히 분화된 부분이라는 점을 잊어서는 안 된다. 자아의 경험들은 처음에는 유전을 위해 사라지는 것처럼 보이지만, 세대를 거쳐 연속되는 많은 개체들에게서 충분히 빈번하고 강하게 반복되면, 말하자면 이드의 경험들로 전환되어 그 인상들이 유전을 통해 고정된다. 따라서 유전적 이드는 그 안에 셀 수 없이 많은 자아—존재들의 잔재를 품고 있으며, 자아가 이드로부터 자신의 초자아를 길어낼 때, 아마도 더 오래된 자아 형태들을 다시 나타나게 하여 그들에게 부활을 창조하는 것일 수 있다.

초자아의 형성 과정을 알면, 자아와 이드의 대상 투여* 사이의 초기 갈등이 그 후계자인 초자아와의 갈등으로 이어질 수

---

* 정신 에너지를 특정 대상에 집중시키는 것

있다는 점을 이해할 수 있다. 자아가 오이디푸스 컴플렉스를 제대로 극복하지 못했다면, 이드에서 나온 그 에너지 투여는 자아이상의 반동형성에서 다시 작용하게 될 것이다. 이 이상과 무의식적 충동 움직임들 사이의 광범위한 소통은 이상 자체가 대부분 무의식적이고 자아가 접근할 수 없는 상태로 남아있을 수 있다는 수수께끼를 풀어줄 것이다. 깊은 층에서 격렬하게 벌어졌던 투쟁이 빠른 승화와 동일시를 통해 끝나지 못했다면, 이제 카울바흐의 훈족 전투 그림처럼 더 높은 차원에서 계속된다.*

---

* 카울바흐의 훈족 전투 그림 (Wilhelm von Kaulbach, 1805-1874): 독일 역사화가. 『훈족의 전투』(Die Hunnenschlacht, 1837)는 451년 카탈라우눔 평원 전투를 그린 대작으로, 전사한 훈족과 게르만족 전사들의 영혼이 구름 위 하늘에서 여전히 격렬하게 싸우는 장면을 묘사했다. 프로이트는 이 이미지를 빌려, 깊은 무의식 차원(이드)에서 해결되지 못한 갈등이 더 높은 정신 차원(초자아)에서 계속 투쟁한다는 것을 비유적으로 설명하고 있다.

제4장 두 가지 충동유형

우리가 이미 말했듯이, 정신적 존재를 이드, 자아, 초자아로 구분하는 일이 우리의 이해를 진전시키는 것이라면, 이것은 정신생활에서 역동적 관계들을 더 깊이 이해하고 더 잘 기술하는 수단으로도 입증되어야 한다. 우리는 또한 자아가 지각의 특별한 영향 하에 있다는 것과, 대략적으로 말해서 지각이 자아에게 갖는 기능은 충동이 이드에 갖는 기능과 상응한다. 그러나 자아 역시 이드와 마찬가지로 충동들의 작용을 받는데, 자아는 결국 이드의 특별히 변형된 부분일 뿐이기 때문이다.

충동에 관해서는 『쾌락 원칙을 넘어서』에서 전개한 견해를 여기서 그대로 유지하여 이후 논의의 토대로 삼겠다. 두 가지 충동 유형을 구별해야 한다는 것인데, 그 중 하나는 성충동 또는 에로스로서 훨씬 더 눈에 띄고 파악하기 쉽다. 이것은 본래의 억제되지 않은 성충동뿐 아니라, 그로부터 파생된 목표—억제적·승화된 경향들, 그리고 초기에는 성적 대상충동과 대비되었으나 이제는 자아에 귀속되는 자기보존충동까지 포함된다. 두 번째 충동 유형을 밝혀내는 것은 우리에게 어려움을 가져다주었다. 결국 우리는 가학성을 그 대표적 현상으로 보게 되었다. 생물학에 의해 뒷받침되는 이론적 고찰들에 근거하여 우리는 죽음충동을 가정했는데, 이것에게는 유기체적 생명체를 무생물 상태로 되돌리는 과업이 주어져 있다. 반면 에로스는 분산된 생명물질을 점점 더 큰 통일로 결합시키며 삶을 보존하고 복잡화하려 한다. 두 충동 모두 가장 엄밀한 의미에서 보수적으로 작동한다. 생명의 발생이 일으킨 교란 이전의 상태를 복원하려 하기 때문이다. 따라서 생명의 발생은 생명 지속의 원인이 되고 동시에 죽음을 향한 추구의 원인이 되며, 삶 자체는 이 두 추구 사이의 투쟁이자 타협이다. 생명의 기원은 여전히 우주론적 문제로 남고, 삶의 목적과 의도에 대한 답은 필연적으로 이원론적일 것이다.

이 두 충동 유형 각각에는 특별한 생리학적 과정(구축과 해체)이 상응될 것이며, 모든 생명 물질 조각에서는 양쪽 충동이 모두 활동하되, 두 충동이 모두 작동하되 불균등하게 혼합되어, 어떤 것은 에로스의 주된 담지자가 될 수 있다.

두 가지 충동이 어떤 방식으로 서로 결합하고, 혼합되고, 합금을 이루는지는 아직 전혀 상상할 수 없는 일이다. 그러나 이것이 규칙적으로 그리고 대규모로 일어난다는 것은 우리의 맥락에서 거부할 수 없는 가정이다. 단세포 기본 유기체들이 다세포 생명체로 결합한 결과, 단일 세포의 죽음충동을 중화시키고 특별한 기관의 중재를 통해 파괴적 충동들을 외부 세계로 돌리는 데 성공했을 것이다. 이 기관은 근육 조직이며, 죽음충동은 이제 —아마도 부분적으로만— 외부 세계와 다른 생명체들에 대한 파괴충동으로 나타날 것이다.

우리가 일단 두 충동 유형의 혼합이라는 관념을 받아들이게 되면, 이것들의 —다소간 완전한— 분리 가능성도 우리에게 강요된다. 성충동의 가학적 구성요소에서 우리는 목적에 맞는 충동 혼합의 고전적 예시를 갖게 되며, 독립적이 된 가학성[*]이 변태성욕으로 나타나는 경우에서는 비록 극한까지 추진되지는 않았지만 분리의 모범을 갖게 된다. 그러면 아직 이런 관점에서 고찰되지 않은 광대한 사실 영역에 대한 통찰이 우리에게 열린다. 우리는 파괴충동이 정기적으로 방출 목적을 위해 에로스의 봉사에 놓인다는 것을 인식하게 되고, 간질 발작이 충동 분리의 산물이자 징표라는 것을 짐작하게 되며, 강박신경증 같은 일부 중증 신경증의 결과들 중에서도 충동 분리

---

* 성적 쾌락을 위해 타인에게 고통을 주려는 충동

와 죽음충동의 출현이 특별한 고려를 받을 만하다는 것을 이해하게 된다. 급속한 일반화를 통해 우리는 리비도 퇴행*의 본질, 예를 들어 생식기 단계에서 가학적-항문기 단계로의 퇴행이 충동 분리에 기반한다고 추측하고 싶어지며, 반대로 초기 단계에서 최종적인 생식기 단계로의 진보는 에로스적 구성요소들의 보강을 조건으로 한다는 것을 추측하게 된다. 또한 신경증에 대한 체질적 소인에서 우리가 그토록 자주 강화된 형태로 발견하는 규칙적 양가감정이 분리의 결과로 파악되어서는 안 되는가 하는 질문도 제기된다. 하지만 이것은 너무나 근원적이어서 차라리 완전히 이루어지지 않은 충동 혼합으로 간주되어야 한다.

우리의 관심은 자연스럽게 다음과 같은 문제들로 향할 것이다. 즉, 우리가 가정한 자아, 초자아, 이드의 구조들과 두 충동 유형 사이에 계몽적인 관계들을 발견할 수 있는지, 그리고 정신적 과정들을 지배하는 쾌락 원칙에 두 충동 유형과 정신적 분화들에 대한 고정된 지위를 부여할 수 있는지 하는 문제들이다. 그러나 우리가 이 논의에 들어가기 전에, 문제 설정 자체에 대해 제기되는 하나의 의문을 해결해야 한다. 쾌락 원칙에

---

* 성적 에너지가 이전 발달 단계로 되돌아가는 현상

대해서는 의심의 여지가 없고, 자아의 구조 분화는 임상적 정당성에 기반하고 있지만, 두 충동 유형의 구별은 충분히 확실하지 않은 것 같으며, 아마도 임상 분석의 사실들이 그것의 주장을 무효화시킬 수도 있다.

그런 사실이 있는 것 같다. 두 충동 유형의 대립에서 우리는 사랑과 미움의 양극성을 대입할 수 있다. 에로스의 대표자에 대해서는 우리가 전혀 곤란해하지 않지만 파악하기 어려운 죽음충동에 대해서는 미움이 길을 보여주는 파괴충동에서 하나의 대표자를 지적할 수 있다는 점에 매우 만족한다. 그런데 임상 관찰은 미움이 사랑의 놀랍도록 규칙적인 동반자일 뿐만 아니라(양가감정) 종종 사랑의 전조로도 나타나며, 다양한 상황에서 미움이 사랑으로, 사랑이 미움으로 변화한다는 것을 가르쳐준다. 이런 변화가 단순한 시간적 계승, 즉 교체 이상의 것이라면, 상반되는 생리학적 과정들을 전제로 하는 에로스적 충동과 죽음충동 같은 그토록 근본적인 구별의 기반이 명백히 무너지게 된다.

어떤 사람을 먼저 사랑하다가 나중에 미워하게 되거나, 반대로 되는 경우는 그 사람이 그렇게 될 만한 이유를 제공했다면, 명백히 우리의 문제에 해당하지 않는다. 아직 명백하게 드러나지 않은 사랑이 처음에는 적대감과 공격성향으로 나타나는 다른 경우도 마찬가지인데, 이때는 파괴적 구성요소가 대상에 대한 감정적 몰입에서 앞서 나갔다가 나중에 에로스적 요소가 합류할 수 있기 때문이다. 하지만 우리는 신경증 심리학에는 사랑이 미움으로, 혹은 그 반대로 직접 전환된다고 가정하는 편이 더 적합해 보이는 사례들도 있다. 피해망상에서 환자는 특정인에 대한 지나치게 강한 동성애적 애착을 특정한 방식으로 방어하는데, 그 결과 가장 사랑했던 그 사람이 박해자가 되어 환자의 종종 위험한 공격성이 그를 향하게 된다. 우리는 그 이전 단계에서 사랑이 미움으로 변했다고 개입할 권리가 있다. 동성애의 발생과 탈성화된 사회적 감정들의 발생에서도 분석적 연구는 최근에야 경쟁에서 비롯되어 공격성향으로 이어지는 격렬한 감정들이 존재한다는 것을 가르쳐주었는데, 이런 감정들을 극복한 후에야 이전에 미워했던 대상이 사랑받는 대상이 되거나 동일시의 대상이 된다. 이런 경우들에서 미움이 사랑으로 직접 전환된다고 가정해야 하는지 의문이 제기된다. 여기서는 순전히 내적인 변화들을 다루는 것이므로, 대상의 변화된 행동은 전혀 관여하지 않는다.

편집망상적 변화 과정에 대한 분석적 연구는 우리로 하여금 다른 기제의 가능성을 알게 해준다. 처음부터 양가적 태도가 존재하고 있으며, 변화는 에로스적 충동으로부터 에너지를 빼앗아 적대적 충동에 공급하는 반응적 에너지 이동을 통해 일어난다. 동성애로 이어지는 적대적 경쟁 관계의 극복에서는 동일하지는 않지만 유사한 일이 일어난다. 적대적 태도는 만족의 전망이 없으므로 ―따라서 경제적 동기로부터― 더 많은 만족의 전망, 즉 방출 가능성을 제공하는 사랑의 태도로 대체된다. 따라서 우리는 이런 경우들 어디서든 미움이 사랑으로 직접 변화한다고 가정할 필요가 없으며, 이는 두 충동 유형의 질적 차이와 양립할 수 없는 것이기도 하다.

하지만 우리는 사랑이 미움으로 변화하는 이런 다른 기제를 이용할 때, 은밀히 다른 가정을 했다는 것을 깨닫게 되는데, 이는 명시적으로 언급될 필요가 있다. 우리는 마치 정신생활 속에 ―자아에서인지 이드에서인지는 확실하지 않지만― 이동 가능한 에너지가 존재하는 것처럼 취급했는데, 이 에너지는 그 자체로는 무차별적이지만, 질적으로 차별화된 에로스적 또는 파괴적 충동에 합류하여 그것의 전체 충동량을 증가시킬 수 있다. 이런 이동 가능한 에너지라는 가정 없이는 우리는 전혀 해결책을 찾을 수 없다. 문제는 단지 이 에너지가 어디서 나오는지, 누구에게 속하는지, 그리고 무엇을 의미하는지이다.

충동적 욕동의 질적 특성과 다양한 충동 운명에서 그것이 보존되는 문제는 여전히 매우 불분명하며 현재로서는 거의 본격적으로 다뤄지지 않고 있다. 관찰이 특히 용이한 성적 부분충동들에서는 같은 범주에 속하는 몇 가지 과정들을 확인할 수 있다. 예를 들어 부분충동들이 어느 정도 서로 소통한다는 것, 특정한 성감대로부터 나오는 한 충동이 다른 성감대 출처의 부분충동을 강화하기 위해 자신의 강도를 넘겨줄 수 있다는 것, 한 충동의 만족이 다른 충동에게 만족을 대신해준다는 것, 그 밖에 이와 유사한 것들로, 이는 특정한 종류의 가정들을 과감히 세워볼 용기를 주어야 한다.

  나는 현재의 논의에서도 증명이 아니라 단지 하나의 가정을 제시할 뿐이다. 자아와 이드에서 작용하는 이런 이동 가능하고 무차별적인 에너지가 자기애적 리비도 저장소에서 나온다는 것, 즉 탈성화된 에로스라는 것이 그럴듯해 보인다. 에로스적 충동들은 전반적으로 파괴충동들보다 더 가소성이 있고, 더 전환 가능하며, 더 이동 가능한 것으로 우리에게 나타난다. 그렇다면 이런 이동 가능한 리비도가 쾌락 원칙에 봉사하여 정체를 피하고 방출을 촉진하며, 방출의 경로 자체에는 비교적 무관심하다. 이때 어떤 경로로 방출이 일어나든 그저 방출이 일어나기만 하면 된다는 어떤 무관심이 명확히 인식된다. 우리는 이런 특성을 이드에서 일어나는 충동에너지 투입 과정들의 특징으로 알고 있다. 이는 에로스적 투입들에서 발견되는데, 여기서는 대상에 대한 특별한 무관심이 발달하며, 특히 분석에서 일어나는 전이들에서 그런데, 이런 전이들은 어떤 사람들에게든 상관없이 완수되어야 한다. 랑크는 최근에 신경증적 복수 행위들이 엉뚱한 사람들에게 향해진다는 아름다운 사례들을 제시했다. 무의식의 이런 행동을 보면 우스개 소재로 활용되는 일화가 떠오른다. 세 명의 마을 재단사 중 한 명이 교수형을 당해야 하는데, 이는 유일한 마을 대장장이가 사형에 해당하는 범죄를 저질렀기 때문이다. 처벌은 있어야 하는 것이다. 죄인에게 해당하지 않더라도 말이다. 우리는 처음에 꿈작업에서 일차과정의 전치들에서 바로 이런 느슨함을 발견했다. 여기서 대상들이 그런 것처럼, 우리가 다루고 있는 경우에서는 방출 행위의 경로들이 그런데, 이것들은 2차적으로만 고려된다. 자아는 대상의 선택에서와 마찬가지로 방출의 경로에서도 더 큰 정확성을 주장하는 것과 비슷할 것이다.

이런 전치 에너지가 탈성화된 리비도라면, 이를 승화된 것이라고 불러도 좋을 것이다. 왜냐하면 그것은 여전히 에로스의 주요 목적인 통합하고 결합한다는 것에 매달려 있을 것이기 때문이다. 즉 자아를 특징짓는 —또는 자아가 그것을 향해 노력하는— 바로 그 통일성을 만들어내는 데 기여함으로써 말이다. 넓은 의미의 사고과정들을 이런 전치들에 포함시킨다면, 사고작업 역시 에로스적 충동력의 승화를 통해 수행된다고 할 수 있다.

여기서 우리는 승화가 항상 자아의 중재를 통해 일어난다는 앞서 언급했던 가능성과 다시 마주하게 된다. 우리는 다른 경우를 기억해야 하는데, 자아가 이드의 첫 번째 그리고 확실히 그 이후의 대상투입들을 처리하는 방식이 바로 그 리비도를 자아 안으로 받아들여서 동일시를 통해 만들어진 자아의 변화와 결합시키는 것이다. 이런 자아리비도로의 전환에는 당연히 성적 목표들을 포기하는 것, 즉 탈성화가 수반된다. 어쨌든 우리는 이렇게 해서 에로스와의 관계에서 자아가 수행하는 중요한 기능에 대한 통찰을 얻게 된다. 자아는 이런 식으로 대상투입의 리비도를 장악하고, 스스로를 유일한 사랑의 대상으로 내세우며, 이드의 리비도를 탈성화하거나 승화시킴으로써 에로스의 의도에 반하여 작용하고, 적대적인 충동 운동들에 봉사하게 된다. 이드의 다른 대상투입들에 대해서는 자아가 어쩔 수 없이 받아들이고 말하자면 동참해야 한다. 이런 자아 활동의 또 다른 가능한 결과에 대해서는 나중에 이야기하겠다.

자기애에 대한 교설에서는 이제 중요한 보완이 이루어져야 한다. 태초에는 모든 리비도가 이드에 축적되어 있는 반면, 자아는 아직 형성 과정에 있거나 약한 상태이다. 이드는 이 리비도의 일부를 에로스적 대상투입으로 내보내고, 이후 강화된 자아는 이 대상리비도를 장악하고 스스로를 이드에게 사랑의 대상으로 내세우려고 한다. 따라서 자아의 자기애는 이차적인 것으로, 대상들로부터 회수된 것이다. 우리가 추적할 수 있는 충동운동들이 에로스의 파생물임이 드러나는 경험을 우리는 계속해서 하고 있다. 만약 『쾌락 원칙을 넘어서』에서 제시한 고찰들과 마침내 에로스에 대한 사디즘적 기여가 없었다면, 우리는 이원론적 기본관점을 고수하기 어려웠을 것이다. 하지만 우리가 그렇게 해야 할 필요가 있기 때문에, 죽음충동들은 본질적으로 침묵하며 삶의 소음은 대부분 에로스에서 나온다는 인상을 가지게 된다.†

그리고 에로스에 대한 투쟁에서! 쾌락 원칙이 이드가 리비도와 투쟁하는 과정에서 일종의 나침반 구실을 한다는 가설도 배제할 수 없다. 리비도는 생활과정에 장애를 가져오기 때문이다. 페히너의 의미에서 항상성 원칙이 삶을 지배한다면, 즉 삶이 죽음으로의 미끄러짐이어야 한다면, 충동욕구로서 수준의 하강을 저지하고 새로운 긴장을 도입하는 것은 에로스, 즉 성충동들의 요구이다. 이드는 쾌락 원칙, 즉 불쾌 지각의 인도를 받아 다양한 방식으로 이들을 방어한다. 먼저 탈성화되지 않은 리비도의 요구에 가능한 한 신속하게 굴복함으로써, 즉 직접적인 성적 욕동들의 만족을 위해 투쟁함으로써 그렇게 한다. 훨씬 더 광범위하게는, 모든 부분적 요구들이 한데 모이는 만족 중 하나에서 성적 물질들을 배출함으로써 그렇게 하는데, 이 물질들은 말하자면 에로스적 긴장들의 포화된 담지체

---

† 우리의 견해에 따르면, 외부로 향하는 파괴충동들은 에로스의 중재를 통해 자기 자신으로부터 돌려진 것이다.

들이다. 성행위에서 성적 물질들의 배출은 어느 정도 체세포와 생식세포의 분리에 해당한다. 그래서 완전한 성적 만족 후의 상태가 죽음과 유사성을 가지며, 하등동물들에게서는 죽음이 생식행위와 일치하게 된다. 이런 생물들은 번식으로 인해 죽는데, 만족을 통해 에로스가 배제된 후 죽음충동이 자유로운 손을 얻어 자신의 의도를 관철하기 때문이다. 마지막으로, 우리가 들어본 바와 같이, 자아는 일부 리비도를 자기 목적에 맞게 승화하여 이드의 과부하를 완화해 준다.

제5장 자아의 의존성들

 내용의 복잡함으로 인해 각 장의 제목이 해당 장의 내용과 완전히 일치하지 않을 수 있고, 새로운 관계들을 연구하고자 할 때 이미 다룬 내용을 반복하게 되는 점을 양해해 주기 바란다.

 우리는 자아가 상당 부분 동일시들로부터 형성된다고 반복해서 말했다. 이 동일시들은 이드의 포기된 대상 투자들을 대체한다. 이러한 동일시들 중 가장 초기의 것들은 자아 안에서 특별한 기관으로 행동하며, 초자아로서 자아에 대립한다. 한편 강화된 자아는 나중에 그 동일시들의 영향에 대해 더 큰 저항력을 보일 수 있다.

 초자아가 자아에서 또는 자아에 대해 특별한 지위를 차지하는 것은 두 가지 이유 때문이다. 첫째, 초자아는 자아가 아직 약했을 때 일어난 최초의 동일시라는 점이고, 둘째, 초자아는 오이디푸스 콤플렉스[1*]의 상속자로서 가장 중요한 대상들을 자아 안에 도입했다는 점이다. 초자아는 어떤 면에서 후기의 자아 변화들에 대해 아동기의 일차적 성적 단계가 사춘기 이후의 후기 성생활에 대한 것과 같은 관계에 있다. 모든 후기 영향들에 접근 가능함에도 불구하고, 초자아는 평생에 걸쳐 아버지 콤플렉스에서 유래한 성격, 즉 자아에 대립하여 자아를 지배하는 능력을 유지한다. 초자아는 과거 자아의 약함과 의존성의 기념비이며, 성숙한 자아에 대해서도 그 지배를 계속한다. 아이가 부모에게 복종해야 하는 강제 하에 있었던 것처럼, 자아는 초자아의 정언명령에 복종한다.

이드의 최초 대상 투자들, 즉 오이디푸스 콤플렉스로부터의 기원은 초자아에게 더욱 많은 것을 의미한다. 이미 설명한 바와 같이, 이것은 초자아를 이드의 계통발생학적 획득물들[2*]과 관계를 맺게 하며, 초자아를 이드 안에 흔적을 남긴 이전 자아 형성들의 환생으로 만든다. 따라서 초자아는 이드에 지속적으로 가까이 있으며 자아에 대해 이드의 대변자 역할을 할 수 있다. 초자아는 이드 깊숙이 잠겨 있으며, 그만큼 자아보다 의식

[1*] 아이가 이성 부모를 사랑하고 동성 부모를 질투하는 심리 상태
[2*] 인류가 진화 과정에서 얻은 정신적 유산

으로부터 더 멀리 떨어져 있다.†

이러한 관계들을 가장 잘 이해하려면, 오래전부터 알려져 있었지만 아직 이론적 해석을 기다리고 있는 어떤 임상적 사실들을 살펴보는 것이 좋다.

분석 작업에서 매우 이상하게 행동하는 사람들이 있다. 그들에게 희망을 주고 치료의 진전에 만족감을 보여주면, 그들은 불만족스러워하며 규칙적으로 자신의 상태를 악화시킨다. 처음에는 이것을 반항심이나 의사에게 자신의 우월함을 증명하려는 노력으로 여긴다. 나중에는 더 깊고 공정한 이해에 도달하게 된다. 이런 사람들이 칭찬이나 인정을 견디지 못할 뿐만 아니라, 치료의 진전에 대해 잘못된 방식으로 반응한다는 것을 확신하게 된다. 호전이나 일시적인 증상 완화를 가져와야 하고 다른 사람들에게는 실제로 그런 결과를 보이는 모든 부분적 해결이 그들에게는 순간적인 고통의 강화를 불러일으킨다. 그들은 치료 중에 좋아지는 대신 악화된다. 그들은 소위 부정적 치료 반응*을 보인다.

의심할 여지없이 이들에게는 회복에 저항하는 무언가 있

---

† 이렇게 말할 수 있다: 정신분석적 또는 초심리학적*(정신의 무의식적 과정을 연구하는 심리학) 자아도 해부학적 자아, 즉 뇌의 작은 인간상과 마찬가지로 거꾸로 서 있다고.

* 치료가 진전될수록 오히려 증상이 악화되는 현상

으며, 회복에 가까워지는 것을 위험으로 두려워한다. 이러한 사람들에게는 회복 의지가 아니라 질병에 대한 욕구가 우세하다고 말한다. 이러한 저항을 평소대로 분석하여, 의사에 대한 반항적 태도, 질병으로 얻는 이득의 형태에 대한 고착을 제거하더라도, 대부분이 여전히 남아있으며, 이것이 회복에 대한 가장 강력한 장애물임이 밝혀진다. 이는 우리가 이미 알고 있는 자기애적 접근 불가능성*, 의사에 대한 부정적 태도, 그리고 질병 이득에 대한 집착보다도 더 강력하다.

마침내 이것이 말하자면 '도덕적' 요소, 즉 죄책감과 관련된 문제라는 것을 깨닫게 된다. 이 죄책감은 병든 상태에서 만족을 찾으며 고통이라는 처벌을 포기하려 하지 않는다. 이는 다소 불편한 해명이지만 받아들일 수밖에 없다. 그러나 이 죄책감은 환자에게 침묵하고 있다. 죄책감은 환자에게 자신이 죄가 있다고 말해주지 않으며, 환자는 자신을 죄인이라고 느끼지 않고 병자라고 느낀다. 이 죄책감은 오직 회복에 대한 좀처럼 줄어들지 않는 저항으로만 나타난다. 환자가 병에 머무르는 이러한 동기를 환자에게 납득시키는 것도 특히 어렵다. 환자는 분석적 치료가 자신을 도울 적절한 수단이 아니라는 더

---

* 자신에만 집중하여 외부 도움을 거부하는 성향

그럴듯한 설명에 매달릴 것이다.†

여기에서 설명한 것은 극단적인 경우들에 해당하지만, 정도는 덜하더라도 매우 많은, 아마도 모든 심각한 신경증 사례들에서 고려되어야 할 것이다. 아니, 더 나아가 아마도 바로 이 요소, 즉 자아이상의 행동이 신경증적 질병의 심각도를 결정적으로 규정하는 것일지도 모른다. 따라서 우리는 다양한 조건 하에서 죄책감의 표출에 대한 몇 가지 추가적인 고찰들을 피해서는 안 된다.

정상적이고 의식적인 죄책감(양심)은 해석에 어려움을 주지 않는다. 이것은 자아와 자아이상 사이의 긴장에 기초하며,

---

† 무의식적 죄책감이라는 장애물에 맞서는 투쟁은 분석가에게 쉽게 만들어지지 않는다. 직접적으로는 아무것도 할 수 없고, 간접적으로는 그 무의식적으로 억압된 근거들을 천천히 발견하여 그것이 점차 의식적 죄책감으로 변하게 하는 것 외에는 다른 방법이 없다. 이 무의식적 죄책감이 빌려온 것, 즉 한때 에로틱한 투자의 대상이었던 다른 사람과의 동일시의 결과일 때는 영향을 미칠 특별한 기회를 얻게 된다. 이러한 죄책감의 떠맡음은 종종 포기된 사랑 관계의 유일하고 알아보기 어려운 잔재이다. 이때 멜랑콜리에서의 과정과의 유사성은 명백하다. 무의식적 죄책감 뒤에 숨은 이전의 대상 투자를 발견할 수 있다면 치료적 과제는 종종 훌륭하게 해결되지만, 그렇지 않으면 치료적 노력의 결과는 결코 보장되지 않는다. 그것은 무엇보다도 죄책감의 강도에 달려 있는데, 치료는 종종 같은 정도의 대항력을 내세울 수 없다. 아마도 분석가라는 사람이 환자로 하여금 자신을 그의 자아이상 자리에 놓게 허용하는지에도 달려 있을 것이다. 이때는 환자에 대해 예언자, 영혼의 구원자, 구세주의 역할을 하려는 유혹이 따른다. 분석의 규칙들이 의사 인격의 이러한 사용에 단호히 반대하므로, 여기에 분석의 효과에 대한 새로운 한계가 주어진다는 것을 솔직히 인정해야 한다. 분석은 병적 반응들을 불가능하게 만드는 것이 아니라 환자의 자아에게 이렇게 또는 저렇게 결정할 자유를 창조해주어야 하는 것이다.

자아가 자신의 비판적 기관에 의해 단죄당하는 것의 표현이다. 신경증 환자들의 잘 알려진 열등감도 이와 크게 다르지 않을 것이다. 우리에게 잘 알려진 두 가지 병적 상태에서는 죄책감이 지나치게 강하게 의식된다. 이때 자아이상은 특별한 엄격함을 보이며 종종 잔혹한 방식으로 자아에 대해 격노한다. 이러한 일치점과 함께, 강박신경증과 멜랑콜리라는 두 상태에서는 자아이상의 행동에서 못지않게 의미 있는 차이점들이 나타난다.

강박신경증에서는 (특정 형태들에서는) 죄책감이 지나치게 크게 나타나지만, 자아 앞에서 자신을 정당화할 수 없다. 따라서 환자의 자아는 자신이 죄가 있다는 요구에 저항하며, 의사에게 이러한 죄책감을 거부하는 자신을 지지해달라고 요구한다. 이에 굴복하는 것은 어리석은 일이다. 성과가 없을 것이기 때문이다. 그러면 분석은 초자아가 자아에게 알려지지 않은 과정들에 의해 영향을 받고 있음을 보여준다. 실제로 죄책감의 근거가 되는 억압된 충동들을 발견할 수 있다. 여기서 초자아는 무의식적인 이드에 대해 자아보다 더 많이 알고 있었던 것이다.

멜랑콜리에서는 초자아가 의식을 완전히 장악했다는 인상이 훨씬 더 강하다. 그러나 여기서 자아는 감히 이의를 제기하지 않고, 자신의 죄를 인정하며 처벌에 복종한다. 우리는 이러한 차이를 이해할 수 있다. 강박신경증에서는 자아 밖에 머물러 있는 불쾌한 충동들이 문제였다. 그러나 멜랑콜리에서는 초자아의 분노가 향하는 대상이 동일시를 통해 자아 안으로 받아들여진 것이다. 이 두 신경증적 정서장애에서 죄책감이 이토록 특별히 강한 정도에 이른다는 것은 분명 당연한 일이 아니다. 그러나 이 상황의 주요 문제는 다른 곳에 있다. 우리는 죄책감이 무의식으로 남아있는 다른 경우들을 다룬 후에 이에 대한 논의를 미루어두자.

이는 본질적으로 히스테리와 히스테리 유형의 상태들에서 발견되는 것이다. 무의식으로 남아있게 되는 메커니즘은 여기서 쉽게 추측할 수 있다. 히스테리적 자아는 자신의 초자아의 비판으로부터 위협받는 괴로운 지각을 방어하는데, 이는 평소 견딜 수 없는 대상 투자를 방어할 때와 같은 방식으로, 즉 억압이라는 행위를 통해서이다. 따라서 죄책감이 무의식으로 남아있는 것은 자아에 달려 있다. 우리는 평소 자아가 초자아의 봉사와 명령에 따라 억압을 수행한다는 것을 알고 있다. 그러나 여기서는 자아가 자신의 엄격한 주인에 맞서 같은 무기를 사용하는 경우이다. 강박신경증에서는 알려진 바와 같이 반동형성의 현상들이 우세하다. 여기서는 자아가 죄책감이 관련된 소재를 멀리 떨어뜨려 놓는 데만 성공할 뿐이다.

더 나아가 죄책감의 상당 부분이 정상적으로도 무의식 상태에 있어야 한다는 가정을 감히 해볼 수 있다. 왜냐하면 양심의 형성이 오이디푸스 콤플렉스와 밀접하게 연결되어 있는데, 이 콤플렉스는 무의식에 속하기 때문이다. 만약 누군가가 정상적인 인간은 자신이 생각하는 것보다 훨씬 더 부도덕할 뿐만 아니라 자신이 알고 있는 것보다도 훨씬 더 도덕적이라는 역설적인 명제를 주장하려 한다면, 이 주장의 전반부가 근거하고 있는 발견들을 제공한 정신분석학은 후반부에 대해서도 아무런 이의를 제기하지 않을 것이다.†

이러한 무의식적 죄책감의 증대가 인간을 범죄로 이끌 수 있음이 드러난 것은 놀라운 일이었다. 그러나 이는 의심할 여지없이 사실이다. 많은 범죄자들, 특히 젊은 범죄자들에게서 범행 이전부터 존재한 강력한 죄책감이 확인되며, 따라서 이는 결과가 아니라 동기가 된다. 마치 이 무의식적 죄책감을 현실적이고 실제적인 무엇인가에 연결시킬 수 있다는 것이 안도감으로 느껴지는 것처럼 말이다.

이 모든 상황들에서 초자아는 의식적 자아로부터의 독립성과 무의식적 이드와의 긴밀한 관계를 드러낸다. 이제 우리가

---

† 이 명제는 겉보기에만 역설적일 뿐이다. 이는 단순히 인간의 본성이 선악을 막론하고 자신이 믿고 있는 것, 즉 의식적 지각을 통해 자아에게 알려진 것을 훨씬 뛰어넘는다는 것을 말할 뿐이다.

자아 내의 전의식적 언어 잔재들에 부여한 중요성을 고려할 때, 다음과 같은 질문이 제기된다. 초자아가 무의식적일 때, 그것이 그러한 언어 표상들로 구성되어 있는지, 아니면 다른 무엇으로 구성되어 있는지 말이다. 겸손한 답변은 다음과 같을 것이다. 초자아도 들어서 얻은 것으로부터의 기원을 부정할 수는 없다. 초자아는 자아의 한 부분이며, 이러한 언어 표상들(개념들, 추상들)을 통해 의식에 접근 가능한 상태로 남아있다. 하지만 초자아의 이러한 내용들에 투입되는 충동 에너지는 청각 지각이나 교육, 독서로부터 공급되는 것이 아니라 이드 내의 원천들로부터 공급된다.

우리가 답변을 미루어둔 질문은 다음과 같다. 초자아가 본질적으로 죄책감으로 나타나는 것(더 정확히 말하면 비판으로 나타나는 것이며, 죄책감은 자아에서 이 비판에 상응하는 지각이다)은 어떻게 된 일이며, 이때 자아에 대해 그토록 비범한 혹독함과 엄격함을 발휘하는 것은 어떻게 된 일인가? 먼저 멜랑콜리를 살펴보자. 의식을 완전히 장악한 극도로 강한 초자아가 무자비한 맹렬함으로 자아에 대해 분노하는 것을 발견할 수 있다. 마치 개인이 가지고 있는 모든 사디즘을 자신이 장악한 것처럼 말이다. 사디즘에 대한 우리의 견해에 따르면, 파괴적 요소가 초자아에 축적되어 자아를 향해 돌려진다고 말할 것이다. 이제 초자아에서 지배하는 것은 마치 죽음충동[1*]의 순수배양과 같으며, 실제로 이것은 자아가 조증으로의 전환을 통해 미리 그 폭군으로부터 자신을 방어하지 않는다면 자아를 죽음으로 몰고 가는 데 충분히 자주 성공한다.

특정한 형태의 강박신경증에서도 양심의 가책은 비슷하게 고통스럽고 괴롭지만, 여기서는 상황이 덜 명확하다. 멜랑콜리와 대조적으로 주목할 만한 점은, 강박증 환자가 실제로는 결코 자살에 이르지 않는다는 것이다. 그는 자살 위험에 대해 마치 면역이 있는 듯 보이며, 히스테리 환자보다 훨씬 더 잘 보호되어 있다. 우리는 이해한다. 대상의 보존이야말로 자아의 안전을 보장하는 것이다. 강박신경증에서는 성기기 이전[2*] 조직으로의 퇴행을 통해 사랑의 충동들이 대상에 대한 공격성 충동으로 전환될 수 있게 되었다. 다시 파괴충동이 자유로워져서 대상을 파괴하려 하거나, 적어도 그런 의도가 있는 것처럼 보인다. 자아는 이러한 경향들을 받아들이지 않았으며, 반동형성과 예방조치들로 이에 맞서 저항한다. 이 경향들은 이드에 남아있다. 하지만 초자아는 마치 자아가 이에 대해 책임이 있는 것처럼 행동하며, 동시에 이러한 파괴 의도들을 추적

[1*] 자기파괴나 죽음을 향한 무의식적 충동
[2*] 성적 발달의 성기기 이전 단계

하는 진지함을 통해 우리에게 보여준다. 이것이 퇴행에 의해 야기된 겉모습이 아니라 사랑이 증오로 실제로 대체된 것임을 말이다. 양쪽 모두로부터 무력한 상황에서 자아는 살인적인 이드의 요구와 처벌하는 양심의 비난에 맞서 헛되이 방어한다. 자아는 겨우 양쪽의 가장 조잡한 행동들을 억제하는 데 성공할 뿐이며, 그 결과는 우선 끝없는 자기 고문이고, 더 나아가서는 대상이 접근 가능한 곳에서 대상에 대한 체계적인 괴롭힘이다.

위험한 죽음충동들은 개인 안에서 다양한 방식으로 처리된다. 일부는 에로틱한 요소들과의 혼합을 통해 무해하게 만들어지고, 일부는 공격성으로서 외부로 향하게 되며, 상당 부분은 확실히 방해받지 않고 내적 작업을 계속한다. 그렇다면 멜랑콜리에서는 어떻게 해서 초자아가 죽음충동들의 일종의 집결지가 될 수 있는 것인가?

충동 억제, 즉 도덕성의 관점에서 말하면 다음과 같다. 이드는 완전히 비도덕적이고, 자아는 도덕적이 되려고 노력하며, 초자아는 과도하게 도덕적이 될 수 있고 그때는 이드만큼이나 잔인해질 수 있다. 인간이 외부로 향하는 공격성을 더 많이 억제할수록, 자신의 자아이상에서는 더욱 엄격하고 공격적이 된다는 것은 이상한 일이다. 일반적인 관점에서는 이것이 거꾸로 보인다. 즉 자아이상의 요구가 공격성 억압의 동기라고 여긴다. 그러나 우리가 말한 대로 사실은 이렇다. 인간이 자신의 공격성을 더 많이 억제할수록, 자신의 이상이 자아에 대해 갖는 공격성 성향은 더욱 증가한다. 이것은 마치 자기 자신의 자아를 향한 전환, 즉 방향 전환과 같다. 이미 평범하고 일반적인 도덕조차 엄격하게 제한하고 잔인하게 금지하는 특성을 갖고 있다. 가차없이 처벌하는 고등한 존재[1]라는 개념이 바로 여기에서 나오는 것이다.

나는 이제 새로운 가정을 도입하지 않고서는 이러한 관계들을 더 이상 설명할 수 없다. 초자아는 아버지 모범과의 동일시를 통해 생겨난 것이다. 이러한 모든 동일시는 탈성화[2] 또는 심지어 승화의 특성을 갖는다. 이제 그러한 전환 과정에서 충동의 분리도 일어나는 것 같다. 에로틱한 요소는 승화 이후에 더해진 모든 파괴성을 결속시킬 힘을 더 이상 갖지 못하며, 이 파괴성은 공격성과 파괴 성향으로서 자유로워진다. 이러한 분리로 인해 자아이상은 '명령해야 한다'는 당위의, 엄격하고 때로 잔혹한 성격을 띠게 된다.

강박신경증에서 잠시 머물러 보자. 여기서는 상황이 다르다. 사랑의 공격성으로의 분리는 자아의 작업을 통해 이루어

---

[1] 신이나 절대자
[2] 성적 욕동에서 성적 요소가 제거되는 과정

진 것이 아니라, 이드에서 일어난 퇴행의 결과이다. 그러나 이 과정이 이드에서 초자아로 넘어갔으며, 초자아는 이제 무고한 자아에 대해 자신의 엄격함을 강화한다. 두 경우 모두에서 동일시를 통해 리비도를 처리한 자아는 리비도에 섞여든 공격성으로 인해 초자아로부터 처벌을 받게 될 것이다.

  자아에 대한 우리의 개념들이 명확해지기 시작하고, 자아의 다양한 관계들이 선명함을 얻고 있다. 우리는 이제 자아를 그 강점과 약점에서 보고 있다. 자아는 중요한 기능들을 맡고 있다. 지각 체계와의 관계 덕분에 자아는 정신적 과정들의 시간적 배열을 만들어내고 이들을 현실검증에 맡긴다. 사고 과정들의 개입을 통해 자아는 운동 방출의 연기를 달성하고 운동성으로의 접근을 지배한다. 하지만 후자의 지배는 사실적이라기보다는 형식적이다. 자아는 행동과의 관계에서 대략 입헌군주의 지위를 갖는다. 즉 그의 승인 없이는 아무것도 법이 될 수 없지만, 의회의 제안에 대해 거부권을 행사하기 전에는 매우 신중하게 고려하는 것이다. 자아는 외부로부터 오는 모든 삶의 경험들로 자신을 풍부하게 한다. 하지만 이드는 자아의 또 다른 외부 세계로서, 자아는 이를 복종시키려고 노력한다. 자아는 이드로부터 리비도를 빼앗아 이드의 대상 충진들을 자아 형성들로 바꾼다. 초자아의 도움으로 자아는 이드에 축적된 과거의 경험들로부터 우리에게 아직 어두운 방식으로 에너지를 끌어낸다.

　이드의 내용이 자아로 침입할 수 있는 길은 두 가지다. 하나는 직접적인 길이고, 다른 하나는 자아이상을 거쳐가는 길인데, 어떤 정신적 활동들에게는 이 두 길 중 어느 것을 택하느냐가 결정적일 수 있다. 자아는 충동 지각에서 충동 지배로, 충동 복종에서 충동 억제로 발전한다. 이러한 성취에는 자아이상이 강력한 몫을 차지하는데, 자아이상은 부분적으로 이드의 충동 과정들에 대한 반동 형성이기 때문이다. 정신분석은 자아가 이드를 점진적으로 정복할 수 있게 해주는 도구다.

　하지만 다른 한편으로 우리는 같은 자아를 세 가지 종속 상태에 놓여 있는 불쌍한 존재로 보게 되며, 따라서 세 가지 위험의 위협 아래에서 고통받고 있다고 볼 수 있다. 즉 외부 세계로부터, 이드의 리비도로부터, 그리고 초자아의 엄격함으로부터 오는 위험들이다. 이 세 가지 위험에는 세 가지 종류의 불안이 상응한다. 불안은 위험 앞에서 물러서는 것의 표현이기 때문이다. 경계적 존재로서 자아는 세계와 이드 사이를 중재하려고 하며, 이드를 세계에 순응시키고 자신의 근육 활동을 통해 세계를 이드의 욕망에 맞추려고 한다. 자아는 실제로 정신분석 치료에서 의사가 하는 일과 유사하게 행동한다. 즉 현실 고려를 통해 자신을 이드의 리비도 대상처럼 제시하여, 이드의 리비도를 자기 쪽으로 유인하려 한다. 자아는 이드의 조력

자일 뿐만 아니라 주인의 사랑을 구하는 굴종적인 하인이기도 하다. 자아는 가능한 한 이드와 합의를 이루며 지내려고 노력하고, 이드의 무의식적 명령들을 자신의 전의식적 합리화로 포장하며, 이드가 현실의 경고에 대해 복종하는 것처럼 가장한다. 심지어 이드가 완고하고 완강하게 남아 있을 때에도 그렇게 한다. 자아는 이드와 현실 사이의 갈등을 은폐하고, 가능한 경우에는 초자아와의 갈등도 숨긴다. 이드와 현실 사이의 중간 위치에서 자아는 너무나 자주 아첨하고, 기회주의적이며, 거짓말하는 유혹에 빠진다. 마치 올바른 통찰력을 가지고 있으면서도 여론의 호감을 유지하려고 하는 정치가와 같은 것이다.

자아는 두 충동 종류 사이에서 중립적이지 않다. 자아는 동일시와 승화 작업을 통해 이드의 죽음 충동들이 리비도를 제압하도록 도와주지만, 그 과정에서 자신이 죽음 충동들의 대상이 되어 스스로 죽을 위험에 처하게 된다. 자아는 도움을 주려는 목적으로 스스로를 리비도로 채워야 했고, 그로 인해 자신이 에로스의 대표자가 되어 이제 살고 사랑받기를 원한다.

하지만 자아의 승화 작업은 충동 탈혼합*과 초자아 내에서

---

* 에로스와 죽음충동이 분리되는 현상

공격 충동들이 자유로워지는 결과를 낳기 때문에, 자아는 리비도와의 투쟁을 통해 스스로를 학대와 죽음의 위험에 노출시킨다. 자아가 초자아의 공격성 아래에서 고통받거나 아예 굴복할 때, 자아의 운명은 자신이 만들어낸 분해 산물들 때문에 파멸하는 원생동물*들의 운명과 대응된다. 초자아에서 작용하는 도덕성이 바로 경제학적 의미에서 그러한 분해 산물로 우리에게 나타나는 것이다.

자아의 여러 종속관계들 중에서 아마도 초자아에 대한 종속관계가 가장 흥미로울 것이다. 자아는 바로 진짜 불안의 자리다. 세 가지 위험의 위협을 받으면서 자아는 위험한 지각이나 이드의 유사한 과정으로부터 자신의 리비도 충전을 철회하고, 이를 불안이라는 형태로 방출함으로써 도피 반사를 발달시킨다. 이러한 원시적 반응은 나중에 보호 충진의 설정으로 대체된다(공포증의 메커니즘). 자아가 외부 위험과 이드의 리비도 위험으로부터 두려워하는 것이 무엇인지는 말할 수 없다. 우리가 아는 것은 그것이 압도당하거나 파멸당하는 것이라는 점뿐인데, 이는 분석적으로 포착할 수 없는 것이다. 자아는 단순히 쾌락 원칙의 경고를 따를 뿐이다. 반면에 초자아에 대한 자

---

* 단세포 생물

아의 불안, 즉 양심 불안 뒤에 무엇이 숨어 있는지는 말할 수 있다. 자아이상이 된 더 높은 존재로부터 한때 거세가 위협되었고, 이 거세 불안이 아마도 후의 양심 불안이 축적되는 핵심일 것이며, 바로 이것이 양심 불안으로 지속되는 것이다.

"모든 불안은 본질적으로 죽음에 대한 불안이다"라는 거창한 명제는 거의 의미가 없으며, 어떤 경우든 정당화될 수 없다. 오히려 죽음 불안을 대상(현실) 불안과 신경증적 리비도 불안으로부터 구별하는 것이 전적으로 옳다고 생각된다. 죽음 불안은 정신분석에 어려운 문제를 제기한다. 왜냐하면 죽음은 부정적 내용을 가진 추상적 개념이어서, 이에 상응하는 무의식적 대응물을 찾을 수 없기 때문이다. 죽음 불안의 메커니즘은 자아가 자신의 나르시시즘적 리비도 충진을 대량으로 철회함으로써, 다시 말해 불안 상황에서 다른 대상을 포기하는 것처럼 자기 자신을 포기하는 것일 수밖에 없다. 죽음 불안은 자아와 초자아 사이에서 일어난다고 생각한다.

우리는 죽음 불안이 두 가지 조건 하에서 나타나는 것을 알고 있는데, 이 조건들은 그런데 다른 불안 발달의 조건들과 완전히 유사하다. 즉 외부 위험에 대한 반응으로서, 그리고 내적 과정으로서 나타나는데, 예를 들어 우울증에서 그렇다. 신경증적 경우가 다시 한 번 현실적인 경우를 이해하는 데 도움이 될 것이다.

멜랑콜리에서의 죽음 불안은 오직 하나의 설명만을 허용한다. 즉 자아가 초자아로부터 사랑받는다고 느끼는 대신 미움받고 박해받는다고 느끼기 때문에 자신을 포기한다는 것이다. 따라서 자아에게 삶은 사랑받는 것, 즉 초자아로부터 사랑받는 것과 동일한 의미를 갖는다. 여기서도 초자아는 이드의 대표자로서 등장한다. 초자아는 예전의 아버지, 나중의 섭리* 또는 운명과 마찬가지로 동일한 보호하고 구원하는 기능을 나타낸다. 하지만 자아가 자신의 힘으로는 극복할 수 없다고 생각하는 지나치게 큰 현실적 위험에 처했을 때도 자아는 동일한 결론을 내릴 수밖에 없다. 자아는 모든 보호하는 힘들로부터 버림받았다고 보고 죽음을 받아들인다. 그런데 이것은 여전히 출생이라는 첫 번째 큰 불안 상태와 보호해주는 어머니로부터의 분리에서 비롯된 유아기의 그리움 불안 밑바탕에 깔려 있던 것과 동일한 상황이다.

이러한 설명들에 근거해서 죽음 불안은 양심 불안과 마찬가지로 거세 불안이 가공된 것으로 파악할 수 있다. 신경증에서 죄의식이 갖는 큰 의미를 고려할 때, 심각한 경우에 일반적인 신경증적 불안이 자아와 초자아 사이에서 발생하는 불안 발달

---

* 신의 뜻이나 운명

(거세 불안, 양심 불안, 죽음 불안)에 의해 강화된다는 점도 무시할 수 없다.

 우리가 결국 돌아가게 되는 이드는 자아에게 사랑이나 증오를 표현할 수단을 갖고 있지 않다. 이드는 자신이 무엇을 원하는지 말할 수 없으며, 통일된 의지를 만들어내지 못했다. 에로스와 죽음충동이 이드 안에서 투쟁하고 있다. 우리는 한 충동이 다른 충동들에 맞서 어떤 수단으로 자신을 방어하는지 들어보았다. 우리는 이것을 마치 이드가 조용하지만 강력한 죽음충동들의 지배 하에 있는 것처럼 표현할 수 있을 것이다. 이 충동들은 평온을 원하며 쾌락 원칙의 신호에 따라 소란을 일으키는 에로스를 잠재우고자 한다. 하지만 우리는 그렇게 하면서 에로스의 역할을 과소평가할 우려가 있다.

부정
— Die Verneinung

부정

분석 작업 중에 환자들이 자신의 연상을 내놓는 방식은 우리에게 흥미로운 몇 가지 관찰의 기회를 제공한다. "당신은 지금 내가 모욕적인 말을 하려 한다고 생각하겠지만, 나는 정말로 그런 의도가 없다." 우리는 이것이 방금 떠오른 연상을 투사를 통해 거부하는 것임을 이해한다. 혹은 "당신이 꿈에서 이 사람이 누구인지 묻는군요. 어머니는 아닙니다." 우리는 이를 수정한다: "그렇다면 어머니다." 우리는 해석할 때 부정을 무시하고 연상의 핵심 내용만 취한다. 마치 환자가 이렇게 말한 것과 같다: "나에게는 이 사람에 대해 어머니가 떠올랐지만, 이 연상을 인정하고 싶지 않다."

때로는 무의식적으로 억압된 것에 대한 원하는 설명을 매우 편리한 방식으로 얻을 수 있다. "그 상황에서 가장 있을 법하지 않다고 생각하는 것은 무엇인가? 그때 당신에게 가장 먼 일이라고 생각하는 것은 무엇인가?"라고 묻는 것이다. 환자가 이 함정에 빠져 자신이 가장 믿기 어렵다고 생각하는 것을 말한다면, 그는 거의 항상 그것으로 옳은 것을 인정한 셈이다. 이러한 시도의 좋은 대응 사례는 종종 강박신경증 환자에게서 나타나는데, 이미 자신의 증상에 대한 이해에 익숙해진 환자들이다. "새로운 강박 관념이 생겼다. 즉시 그것이 이런 특정한 의미일 수 있다는 생각이 들었다. 하지만 아니다, 그럴 수가 없다. 그렇다면 그런 생각이 떠오르지 않았을 것이다." 그가 치료에서 배운 이런 논리로 거부하는 것이야말로, 당연히 새로운 강박 관념의 올바른 의미인 것이다.

따라서 억압된 관념이나 사고 내용은 의식에 침투할 수 있다. 단, 그것이 부정되는 조건 하에서만 가능하다. 부정은 억압된 것을 인식하는 한 방식이며, 실제로 이미 억압의 해제이지만, 물론 억압된 것의 수용은 아니다. 여기서 지적 기능이 정서적 과정으로부터 분리되는 것을 볼 수 있다. 부정의 도움으로 억압 과정의 한 결과만이 취소된다. 즉, 그 관념 내용이 의식에 도달하지 못한다는 결과만 말이다. 그 결과 억압의 본질적인 것은 지속되면서도 억압된 것을 지적으로는 수용하는 상태가 생겨난다.† 분석 작업 과정에서 우리는 종종 같은 상황의 또

---

† 잘 알려진 "부름(Berufen)" 현상*(독일어권 미신으로 '좋은 일을 말하면 나쁜 일이 생긴다'는 믿음)도 같은 원리에 기반한다. "편두통이 이렇게 오랫동안 없어서 얼

다른 매우 중요하고 상당히 낯선 변형을 만들어낸다. 우리는 부정마저도 극복하고 억압된 것의 완전한 지적 수용을 관철시키는 데 성공한다 – 그러나 억압 과정 자체는 아직 해제되지 않는다.

지적 판단 기능의 과제는 사고 내용을 긍정하거나 부정하는 것이므로, 앞의 언급들이 우리를 이 기능의 심리학적 기원으로 이끌었다. 판단에서 어떤 것을 부정한다는 것은 근본적으로 다음을 의미한다: "이것은 내가 가장 억압하고 싶어하는 것이다." 비판적 판단은 억압의 지적 대체물이며, 그것의 "아니다"는 억압의 표지이자, 마치 "독일제"라는 원산지 라벨이다. 부정 기호를 통해 사고는 억압의 제약으로부터 자유로워지고, 자신의 작업에 없어서는 안 될 내용들로 풍요로워진다.

판단 기능은 본질적으로 두 가지 결정을 내려야 한다. 어떤 사물에 특정 속성을 귀속시키거나 부인해야 하며, 어떤 관념에 현실 속에서의 존재를 인정하거나 부정해야 한다. 결정해야 할 속성은 원래 좋거나 나쁘거나, 유익하거나 해로운 것이었을 수 있다. 가장 오래된 구강기 욕동의 언어로 표현하면 "이것은 삼키고, 저것은 뱉어버리고 싶다"이며, 더 나아가 전

마나 좋은가!" 그러나 이것은 이미 그 접근을 느끼고 있지만 아직 믿고 싶지 않은 발작의 첫 번째 예고에 불과하다.

이시키면 "이것을 내 안에 받아들이고 싶고 저것은 내게서 배제하고 싶다"이다. 즉, "그것은 내 안에 있어야 하거나 내 밖에 있어야 한다"는 것이다. 내가 다른 곳에서 설명한 바와 같이, 원초적 쾌락 자아는 모든 좋은 것을 자기 안에 받아들이고, 모든 나쁜 것을 자기에게서 내던지려 한다. 나쁜 것, 자아에게 낯선 것, 바깥에 있는 것은 자아에게 처음에는 동일하다.†

판단 기능의 또 다른 결정, 즉 상상된 사물의 실재적 존재에 대한 결정은 초기 쾌락 자아에서 발전한 최종적 현실 자아의 관심사다. (현실 검증.) 이제 더 이상 지각된 어떤 것(사물)을 자아 안에 받아들일 것인지 아닌지의 문제가 아니라, 자아 안에 관념으로 존재하는 어떤 것이 지각(현실) 속에서도 다시 발견될 수 있는지의 문제다. 보는 바와 같이, 이것은 다시 밖과 안의 문제다. 비현실적이고 단순히 상상된 주관적인 것은 안에만 있고, 그 밖의 현실적인 것은 밖에도 존재한다. 이런 발전 과정에서 쾌락원칙에 대한 고려는 제쳐졌다. 경험이 가르친 바로는, 어떤 사물(만족 대상)이 "좋은" 속성을 지녀 자아 안에 받아들여질 자격이 있는지 여부뿐만 아니라, 그것이 외부 세계에 존재해서 필요에 따라 그것을 손에 넣을 수 있는지 여

---

† 『충동과 충동의 운명』참고.

부도 중요하다. 이런 진보를 이해하려면, 모든 관념은 지각에서 나오며 지각의 반복임을 기억해야 한다. 따라서 원래 관념의 존재 자체가 이미 상상된 것의 현실성에 대한 보증이었다. 주관적인 것과 객관적인 것 사이의 대립은 처음부터 존재하지 않는다. 이 대립은 사고가 한번 지각된 것을 관념 속에서 재생산을 통해 다시 현재화시킬 수 있는 능력을 지니게 되었지만, 밖의 대상은 더 이상 존재할 필요가 없게 되면서 비로소 생겨난다. 따라서 현실 검증의 첫 과제는 상상된 것에 상응하는 대상을 실재적 지각 속에서 찾는 것이 아니라, 그것을 다시 찾는 것, 즉 그것이 아직 존재한다는 것을 확신하는 것이다. 주관적인 것과 객관적인 것 사이의 소외에 대한 또 다른 기여는 사고 능력의 다른 능력에서 나온다. 관념 속에서 지각을 재생산하는 것이 항상 그것의 충실한 반복은 아니다. 그것은 생략에 의해 변형될 수 있고, 여러 요소들의 융합에 의해 변화될 수 있다. 현실 검증은 그때 이런 왜곡이 어디까지 미치는지를 통제해야 한다. 하지만 현실 검증이 요청되는 조건은 한때 실재적 만족을 가져다주던 대상이 상실된 뒤라는 점이다.

판단은 운동 행동의 선택을 결정하고, 사고 지연을 끝맺고, 사고에서 행동으로 이행시키는 지적 행위다. 사고 지연에 대해서도 나는 이미 다른 곳에서 다룬 바 있다. 이것은 시험적 행동으로 간주되어야 하며, 적은 방출 비용으로 이루어지는 운동적 탐색이다. 생각해보자: 자아는 언제 이런 탐색을 미리 연습했으며, 어느 지점에서 지금 사고 과정에 적용하고 있는 이 기법을 배웠는가? 이것은 정신 장치의 감각적 끝에서, 즉 감각 지각에서 일어났다. 우리의 가정에 따르면, 지각은 순전히 수동적인 과정이 아니라, 자아가 주기적으로 작은 충동량을 지각 체계에 보내어 그것을 통해 외부 자극을 맛본 다음, 이런 탐색적 전진을 할 때마다 다시 뒤로 물러나는 것이다.

판단에 대한 연구는 아마도 처음으로 지적 기능이 원초적 욕동 흐름의 상호작용에서 어떻게 발생하는지에 대한 통찰을 열어준다. 판단은 원래 쾌락원칙에 따라 이루어졌던 자아로의 포함이나 자아로부터의 배출의 합목적적인 발전이다. 그 극성은 우리가 상정한 두 욕동 집단의 대립에 상응하는 것 같다. 긍정 —결합의 대체물로서— 은 에로스에 속하고, 부정 —배출의 후계자— 은 파괴욕동에 속한다. 일반적인 부정의 쾌락, 즉 일부 정신병자들의 부정주의는 아마도 리비도적 구성요소의 분리를 통한 욕동혼합해제의 징후로 이해되어야 할 것이다. 그러나 판단 기능의 성취는 부정 기호의 도입으로 사고가 억압의 결과들로부터 —따라서 쾌락 원칙의 강제에서도— 처음으로 독립할 수 있게 되면서 가능해졌다.

부정에 대한 이런 이해와 매우 잘 일치하는 것은, 분석에서 무의식 자체에는 "아니다"라는 표지가 없고, 자아 쪽에서 무의식을 인정할 때 그것이 부정 형식으로 표현된다는 점이다. 무의식의 성공적인 발견에 대한 가장 강력한 증거는 피분석자가 "그런 생각은 한 적이 없다" 또는 "그런 것은 생각해본 적이 없다(결코 없다)"라는 말로 반응할 때보다 더 확실한 것은 없다.

최초 출간: 『이마고』, 제11권 (3), 1925년, 217-21쪽.
— 『전집』, 제14권, 11-5쪽.

쾌락 원칙을 넘어서 (독일어 완역본)

초판 1쇄 발행 2025년 11월 19일

지은이 지그문트 프로이트

펴낸곳 루미너리북스

번역 및 교정 누리번역

기획 및 제작 이소연

디자인 이나윤, 이은지

출판등록 제2024-000017호

주소 서울시 동작구 양녕로 265, 3층

홈페이지 https://luminarybooks.co.kr

이메일 luminary@gaisys.com

ISBN 979-11-429-3293-9   03160

* 책값은 뒤표지에 표기되어 있습니다.
* 인쇄 불량이나 파손 등 이상이 있는 도서는 구입하신 서점에서 교환해 드립니다.
* 이 책은 저작권법에 의하여 보호를 받는 저작물이므로 무단전재와 무단복제를 금합니다. 이를 위반 시에는 형사/민사상의 법적 책임을 질 수 있습니다.
* All rights are reserved. Unauthorized reproduction and replication are prohibited. Violations may result in criminal and civil liabilities.

> 루미너리북스는 "지식을 쉽고 깊게, 그리고 넓게"라는 비전을 품은 출판사입니다.
> 우리가 만드는 책 한 권이 여러분의 사고를 확장시키는 작은 빛이 되기를 꿈꿉니다.
> 제휴 및 기타 문의 luminary@gaisys.com